JN410376

오기환 수필집

겨울나무 그 뿌리처럼

소소리

겨울나무, 그 뿌리처럼

오기환 수필집

1판 1쇄 인쇄/ 2012년 10월 15일
1판 1쇄 발행/ 2012년 10월 20일

지은이 / 오 기 환
펴낸이 / 우 희 정
펴낸곳 / 도서출판 소소리

등록 / 제300-2007-21호
주소 110-521 서울 종로구 명륜동 1가 33-90
경주이씨 중앙회빌딩 302-1호
전화 / 765-5663, 766-5663(Fax)
e-mail: sosori39@hanmail.net
www.sosori.net

값 10,000 원

*잘못된 책은 바꿔드립니다.

ISBN 978-89-97294-21-3 03810

겨울 나무
그 뿌리처럼

소소리

책을 내면서

집을 나선다. 인사동 길을 걷다가 서점으로 발길을 옮긴다. 광화문에 있는 교보문고를 둘러보고 종각 근처에 있는 영풍문고나 반디앤루니스에서 책을 고른다.

책을 읽다가 막히거나 글을 쓰다가 생각이 막힐 때면 집을 나선다. 인사동 길을, 북촌 골목을, 광화문 길을 걷는다. 때로는 서오릉 길을 걷고 배낭을 메고 바닷길을 걷는다. 걷다가 돌아와 책을 읽고 글을 쓴다.

길을 걷는 것은 '자신을 위한 공부'를 하는 발걸음이다. 또 길을 걷는 것은 사색을 하는 일이며 지식을 지혜로 만드는 과정이기도 하다. 수많은 지식보다 한 가지 지혜가 소중하다는 걸 터득한 선인들은 길을 걸으면서 사유하는 것을 소중하게 여겼다. 자연에 순응하는 삶이었다.

혼자 길을 걸으면서 책읽기, 글쓰기, 남의 말 귀담아 듣기, 남에게 내 뜻을 분명하게 말하기 연습을 한다. 이렇게 연습하는 삶을 살다보면 나를 올바르게 만들고 결국에는 남을 내 안에 받아들이지 않겠는가. 그렇게 될 때까지 쉬지 않고 길을 걷는다. 걷고 또 걷는다.

김난도 교수는 그의 저서에서 '내 인생시계는 지금 몇 시인가'라고 묻는다. 그리고 사람이 태어나서 죽을 때까지를 24시간에 비유한다. 한국인의 평균 수명을 80세로 친다면 1년이 18분에 해당한다. 이 18분에 자신의 나이를 곱하면 인생시계의 시간이 나온다고 한다.

이 시계에 나를 대입해 본다. 내 인생의 시계는 22시 30분을 가리키고 있다. 앞으로 남은 시간은 1시간 30분. 내 인생시계 22시 30분에 또 한 권의 책을 낸다.

내 인생이 아직도 1시간 30분이나 남아있지 않은가. 남은 시간 읽고, 쓰고 사색하면서 길, 길을 걸을 작정이다.

2012년 가을

오기환

▷ 차 례

1. 한 달만 살자던 그 섬

2. 꽃잎, 그 너머 파란 하늘을

3. 그대를 위한 건배

4. 연꽃 한 송이 피기까지

한 달만 살자던 그 섬

안으로 걷는 길

길을 나선다.

가을 색으로 갈아입은 서오릉 숲길을 걷는다. 숲 아래로 무리지어 피어있는 국화꽃 옆을 지난다. 가을꽃은 하루가 지나고, 열흘이 지나고 한 달이 다되어도 그 자리에 피어있다. 뒤늦게 피어서 가을을 지켜내는 꽃. 그래서 질 줄을 모르나 보다. 차디찬 허공에 몸을 내놓고 오지 않는 벌 나비를 기다리는 그 옆을 걷는다. 꽃가루받이를 할 수 없음을 알면서도 찬 서리를 뒤집어쓰고 서 있는 가을을 걷는다.

떨어진 낙엽에도 썩은 나무에도 벌레가 들어와 겨울을 준비하는 산천이다. 잎이 지면서도 나무가 썩으면서도 생명을 품는 숲, 무엇 하나 소홀할 수 없는 산천을 걷고 걷는다. 이런 길을 걸으며 어두웠던 시간들을, 격정의 시간들을, 애잔했던 시간들을 길 위에 내려놓으며 또 걷는다. 해가 설핏해지면 그때서야 돌아온다.

또 길을 나선다.

전철을 타고 안국역 6번 출구로 나와 인사동 길로 접어든다. 인사동을 기웃거리며 걷는다. 더 유심히 기웃거리는 집이 있다. 원목가게다. 완만한 S자로 된 탁자가 발걸음을 붙잡는다. 바라만 보다가 사람도 물건도 놓치며 걸어온 길을 기억해낸다. 그 탁자도 바라만 보다가 놓칠 것만 같은 그 앞을 또 지나친다. 바라만 보는 인사동길이다.

고단한 몸이 찻집 귀천(歸天)에 들어선다. 천상병 시인도 목순옥 여사도 귀천한 그 집, 목순옥 여사 조카딸이 대추차 한 사발을 탁자에 놓고 간다. 목을 축이며 창을 바라본다. 예의 그 파란 가을 하늘이 들어와 있다. 하늘이 내 안에 묻히고 내가 하늘에 뜬 구름이 된다. 하늘도 흐르고 구름도 흐르고 나도 흐른다. "나 하늘로 돌아가리라…"를 중얼대며 귀천을 나와 안국동 길로 접어든다. 맥없이 오가다가 해가 설핏해지면 그때서야 돌아온다.

또, 또 길을 나선다.

겨울이 다가오는 그 길에 바람이 인다. 영종도를 끼고 돌아

바닷길을 달린다. 을왕리 바닷가에도 바람이 인다. 언덕 밑에 굴을 파고 사는 게들은 바람을 먹으며 산다. 바람이 밀어주는 힘으로 제집을 들락거리고 밀물이 쓸고 가면 또 집짓기를 되풀이 한다. 게구멍에서는 바람소리가 들린다. 그 소리는 자연의 숨소리다. 이럴 즈음 서쪽에서 부는 바람은 해를 붉게 물들인다. 바람이 물들인 붉은 바닷길을 걸으며 저녁하늘을 렌즈에 담아본다. 하늘도 붉고 바람도 붉고 바다도 붉고 렌즈도 붉다. 붉은 바람 길을 렌즈에 담으며 걷는다.

한 장 한 장의 사진을 조각보 만들듯 이어놓으면 내가 걸어온 길이 거기 있다. 또 걸어갈 길도 보인다. 내가 걸어온 길은 지도가 되어 내가 걸어갈 인생을 보여준다. 혼자 길을 떠나 나라고 믿던 타성을 벗어버리면 또 다른 내가 나타난다. 나를 벗어나야 만날 수 있는, 또 다른 나를 만나보고 싶다. 이를 위해 걷고 걷는다.

나의 걷기는, 아니 걷기여행은 안에서 밖으로 걷는 길이 아니라 밖에서 안으로 걷는 길이다. 새로운 길을 내면서 걷는 길은 또 다른 나를 만나는 길이다.

오늘도 지도 한 장 들고 인생을 걷고 걷는다.

그 여자의 정년

새벽 2시가 지났는데도 주방 불이 켜져 있다. 그 여자가 김치를 담그고 있다. 친구네 밭에서 열무와 배추를 포대에 꾹꾹 눌러서 가지고 와서 다듬고 절이고 속을 넣어 버무린다. 내친김에 배추김치와 총각무김치는 비닐봉지에 넣어서 같은 통에 넣고 물김치는 또 다른 통에 넣는다. 세 아들네 몫을 챙기다 보니 김치 통만 해도 6개나 된다. 자정이 넘어서야 자리에 든다.

그 여자는 70대 중반을 살고 있다. 건강이 썩 좋은 편도 못된다. 이제는 집안일이나 부엌일 못 하겠다고 손 놓을 때도 되었으련만, 얼마 전 병원 신세를 졌던 때를 빼고는 손수 장봐다 삼시세끼 밥상 차리고 청소하고 빨래하기를 계속하고 있다. 결혼

한 지 올해로 46년째다. 하루에 세 번 밥상을 차리면 1년에 1천여 번, 거기에다 46년을 곱하면 3만여 번이나 된다. 살아오면서 상을 차리고 치우고 또 차리고 치우기를 3만여 번을 되풀이하고 있다.

그 여자의 남편은 60이 되던 해에 공직에서 퇴임을 했다. 이어서 회사 임원으로 재취업해서 임기를 마치고 지금은 집으로 돌아와서 지내고 있다. 퇴직할 때마다 퇴직금과 위로금을 받아가지고 나왔다. 그렇지만 그 여자는 정년 없는 직장을 다니다 보니 근속 46년이 되어도 퇴직금이라고 단돈 만원을 받아 본 적이 없다. 다른 회사는 퇴직금 중간정산도 해준다는데 그런 제도도 없는 것 같다. 퇴직금은 고사하고 월급도 월급 같게 받아본 적이 없다. 경리를 책임지며 경영을 총괄하다보니 통장에서 생활비를 꺼내 쓸 때마다 마음 졸이며 자신을 위한 지출은 더 줄이고 산다. 그렇지만 그 여자는 경영자요 회계책임자다.

그 여자는 아들 셋을 두었다. 손 없는 집안에 들어와 내리 아들 셋을 낳아 기르고 가르치고 짝을 지어 분가를 시켰다. 아이들을 기르고 가르칠 때, 남편은 해뜨기 전에 출근하고 통행금지 사이렌이 울려야 돌아왔다. 박봉이었다. 격무였다. 일요일에도 집에 있는 날이 드물었다. 어떤 때는 1주일 내내 어린것들 자는 얼굴만 볼 때도 있었다. 그래도 월급봉투를 축내지 않고 안겨주는 남편이 믿음직스럽고 고맙기만 했던 시절이었다. 남편의 부재 시에 어린것들을 기르고 가르쳤다. 1인 2역이었다.

그 여자는 살아오면서 열댓 번의 이사를 했다. 첫 살림은 남편의 직장 관사방 한 칸에서 시작했다. 그리고 월세집, 전셋집을 전전하기를 여러 번, 내 집을 마련했으나 안채는 세를 주고 문간방에 살면서도 마음은 설레었다. 덜 쓰고 덜 먹고 덜 입으면서 몇 평씩 늘리는 이사를 하고 또 했다. 당시에는 은행에 융자 받을 때도 뒷돈을 주어야하는 세상이었다. 해서, 가깝게 지내던 동창이나 학부모들과 계를 해서 목돈을 보태기도 했다.

그 여자는 홀시어머니를 모시고 살다가 상을 치렀다. 또 시숙상도 치렀고 시누이상도 치렀다. 그리고 그분들의 기일이 돌아오면 제사를 정성껏 모시고 있다. 전통사회 여성들에게 가장 경계해야 할 것이 있었다. 대재례기(大載禮基) 본명(本命)에 나오는 칠거지악(七去之惡), 남편이 아내를 내쫓을 수 있는 7가지 요건이었다. 그러나 이에 해당 되더라도 돌아갈 친정이 없거나, 함께 부모의 상을 지냈거나, 시집와서 부를 이루는데 힘썼다면 삼불거(三不去)라 하여 내쫓을 수 없었다.

그 여자는 자식 낳아 기르고 가르쳐 결혼시키고, 관사방 한

칸에서 내 집을 마련하여 이만큼 사는데 힘썼고, 시부모 제사도 모시고 있으니 설사 칠거지악을 범했다 해도 삼불거에 해당되고도 남을 만하다. 오히려 공로가 지대한 여인이다.

그 여자는 아침상을 치우자마자 택배를 불러 김치통을 아들네로 보내니 마음이 한유해진다. 매실차 한 잔 들고 소파에 앉는다. 몸이 까부라진다. 흠씬 얻어맞는 것처럼 쑤시고 아프다. 차를 얼른 마시고 자리에 눕는다. 오실 오실 춥다. 전기히터 스위치를 켠다. 아무래도 좀 무리한 것 같다. 얼마 전 병원 신세를 진 뒤부터는 조금 무리 했다 싶으면 까부라진다. 이럴 때면 퇴직을 하고 싶어진다. 정년이 남았다고 사표수리가 반려되면 희망퇴직이라도 해야겠다. 그래도 받아들여지지 않으면 병원 진단서를 첨부해서 다시 들이밀어야겠다. 이런 저런 생각을 하다가 깜빡 잠이 들었나 보다. 전화벨 소리에 잠을 깼다. 시계를 본다. 저녁 7시. 벌떡 일어나 황급히 주방으로 가면서 중얼거린다.

"그이가 시장 하겠네."

아무래도 그 여자의 정년은 세상을 뜨는 날일 것만 같다.

가을부채

추분이 지나자 날씨가 더 서늘해졌다. 아침저녁엔 창문을 닫을 만큼 바람 끝이 차다. 거실 한편에 있는 선풍기가 바람 불기를 멈춘 지 여러 날 째다. 그렇게 폭우가 쏟아지고 무덥던 여름이 슬며시 떠날 채비를 하는 것 같다.

선풍기는 늦은 봄부터 선들바람이 불어 올 때까지, 낮이나 밤이나 바람 불기를 멈추지 않았다. 가끔 모터가 과열되거나 주인이 외출할 때를 빼고는. 물가가 오르고 생활하기가 팍팍했던 지난여름엔 더 혹사를 당했다. 에어컨을 켤 때에도 선풍기를 같이 돌렸다. 더 시원하기도 하고 전기도 절약되었다. 우리 집 선풍기는 주인이 에어컨 바람을 싫어하는 관계로 다른 집 선풍기보다 더 혹사를 당했다. 딱 한 번 손수건을 망에 올려놓았다가 날개에 감기는 바람에 수리하는 기간을 빼고는. 이렇게 힘든 여름을 보내면서도 군소리 한 번 안하면서 소임을 다했다. 그러나 추분이 지나면서 선들바람이 불자 거실 한편으로 밀려났다.

가을비가 내린 뒤부터는 한낮에도 서늘한 기운이 감돈다. 가을걷이가 한창인 어느 날, 주인은 거실 한편에 있는 선풍기 망과 날개를 물에 씻고 마른걸레로 닦았다. 뒷부분에 있는 모터 나사를 풀었다. 모터는 먼지에 파묻혀있다. 사람이 이 지경이 되었으면 결핵 같은 중병을 앓았을 것 같다. 그래도 열악한 환경을 견뎌내며 여름 내내 바람 불기를 멈추지 않았다. 충직 그 자체였다. 뒤늦게나마 노고를 위로하듯 정성껏 먼지를 닦고 구석구석 윤활유도 칠해주며 어루만진다. 한때는 사랑하는 사람보다 더 가까이 했던 선풍기다. 그렇지만 더위가 가시고 선들바람이 불자 그 존재가치가 희미해지고 마음에서 멀어진다.

선풍기를 보면서 가을부채를 기억해 낸다. 하로동선(夏爐冬扇)이란 말이 있다. 여름철 난로와 가을철 부채라는 뜻이다. 즉 철에 맞지 않아 쓸모없는 물건을 뜻하기도 한다. 한나라 성제(成帝) 때 후궁인 반첩녀가 성제의 총애를 받다가 조비연으로 총애가 옮겨갔다. 반첩녀는 자신의 신세를 가을이 되면 쓸모없어지는 가을부채에 비유하여 원가행(怨歌行)을 지어 불렀다. 이때부터 가을부채를 버림받은 여인으로 빗대기도 했다.

그런가 하면 조선 중기의 문신 기준(奇遵: 1492~1521)이 유배생활 중에 『육십명(六十銘)』을 지었다. 그중에 부채에 관한 글이 들어있다. 내용은 이렇다. "더우니까 필요해서 나를 쓰고 추우니까 안 쓰는 것일 뿐, 나의 본질은 변하지 않았는데 무엇 때문에 사용되고 버려지는 것에 대해 일희일비하는가. 상황에 순응하고 주어진 분수에 편안하면서 내 할 일을 하면 될 뿐이다."라고 말했다. 때가 되면 소용될 날이 온다는 말이다.

가을부채처럼 뒷전으로 밀려나기는 사람도 마찬가지다. 여름부채처럼 살던 사람도 가을부채처럼 뒷전차지가 된다. 은퇴 노인들이 그렇다. 그런가 하면 한여름을 살아보지도 못하고 가을을 맞는 사람도 있다. 조기퇴직당한 중년들이 그렇다. 늦은 봄에 여름이 채 오기도 전에 가을을 맞아야하는 사람도 있다. 청년실업자들이 그렇다. 이들이 가을부채가 되어 '100세 시대'를 살고 있다. 인생의 뒷전에서 지루하고 고독한 세월을 살아간다. 그렇지만, 조선중기의 문신이었던 기준의 말처럼 "상황에 순응하고 주어진 분수에 편안하면서 내 할 일을 한다."면 여름부채가 따로 있고 가을부채가 따로 있겠는가. 마음으로 펴고 마음으로 접으면 그만일 테니까.

손질한 선풍기에 커버를 씌워 선반 위에 올려놓는다. 내년 여름을 위해 고이 모셔놓는다.

말, 꼬부라지고 있다

3호선 녹번역에서 지하철을 탄다. 노약자석이 만원이다. 차가 흔들린다. 손잡이를 잡고 몸의 균형을 유지하면서 광고판을 본다. '서울 매트로' 옆에 더 큰 글자로 'seoul metro'라고 쓰여 있다. 지하철이라는 뜻이다. 서울시가 운영하는 공기업 이름이다. 그 옆에는 '다산 콜센터' 이용안내문이 보인다. '120'번만 누르면 각종 민원을 비교적 소상하고 친절하게 안내해 주는 서울시 민원실 이름이다. 그 이름을 풀이해 본다. 정약용의 아호인 '다산'에다 영어를 조합해서 만든 이름이다

종로3가역에서 지상으로 나왔다. 간판이 즐비하다. KT, KT&G, STAR BUCKS COFFEE, CGV, KB국민은행, IBK기

업은행… 영어 일색이다. 한글을 병기한 간판에 영어보다 작은 글자로 쓰여 있다. 여기가 어딘가, 미국인가, 서울인가. 서울이라면 영어간판을 읽으면서 드나드는 시민들은 미국사람인가, 한국사람인가. 한국사람이라면 미국사람 뺨치게 영어에 능통한 사람임에 틀림없을 듯싶다.

영어와 프랑스어 등 서구 언어의 뿌리가 라틴어이듯, 우리나라 말의 대부분은 한자어가 뿌리다. 한자를 모르면 우리말의 진미를 알기가 어렵다. 그만큼 중화권의 영향이 크다. 우리가 흔히 쓰는 사자성어를 한국의 식자사회에서는 애용하고 있다. 유식해 보이기 때문이다. 한국인의 언어사대주의적 풍속을 들여다볼 수 있는 대목이다. 돋보이고 싶은 우월의식은, 중국의 것이 무조건 커보였던 언어사대의 대상이 중국에서 미국으로 옮겨갔다. 해서 세계화라는 미명하에 우리말 또한 재빠르게 변신에 변신을 거듭했다. 한국어는 또 다른 누더기가 되었다.

유식해 보이려면 토막영어를 써야하고 간판이 세련되게 보이려면 영어로 써야한다. 그래야 있어 보이고 장사가 잘된다. 아주 외진 시골 복덕방 간판도 '○○컨설팅' 해야 근사해 보인다. 국가정책입안자도 로드맵 어젠다 정책, 마인드 같은 단어를 써야 미래지향적으로 보이고 들린다. 부인을 '와이프'라고, 미장원을 '헤어숍'이라고, 열쇠를 '키'라고 부르는 것은 기본이다. 분명히 우리말이 있는데도 초이스(선택), 콘택트(접촉), 어프로치(접근), 리얼하다(사실적이다)라고 해야 유식해 보이고 식자층에 낄 수 있다. 영어를 통 문장으로 써야 할 때는 입을 닫아버리는 사람들이 낱개영어에는 민첩하고 능통한 입놀림을 한다.

해방 후 미국에서 돌아온 지식인들이 낱개영어를 혀 꼬부려가며 쓰기 시작한 이래, 특히 어느 정권이 세계화를 부르짖은 뒤부터 명칭도 간판도 몸매도 말도 꼬부라지고 말았다. 이런 유행은 어느덧 시골 구석구석까지도 번져 제대로 된 간판 하나 구경할 수가 없다. 영어인지 한국어인지 정체불명의 대형 원색 간판이 판치는 세상이 되었다.

공직사회나 대학에서나 심지어는 방송에서도 낱개영어가 판을 친다. 물론 학술적 용어나 과학적 용어는 토착화 되어야 마땅하지만 일상적인 우리말까지 영어와 비빔밥이 되고 말았다. 그런 사람들일수록 민족의 자존을 입에 달고 거들먹거리면서, 세종대왕 동상을 광화문 제일 좋은 자리에 세워 놓았다. 나도 토막영어 한 번 써보자.

"참 아이러니 한 세상이다."

이런 말을 쓰는 내가 나를 보아도 있어 보이고 유식해 보인다.

스티브 잡스 다음으로 세계 최고실적을 낸 경영인 2위로 뽑힌 윤종용 전 삼성부회장은 특별한 자리를 제외하고는 영어를 쓰지 않는 사람으로 유명하다. 날개영어는 말할 것도 없다. 그는 일테면 "변소에 다녀오겠습니다."라고 말한다. 레스트룸도 아니고 화장실도 아닌 '변소'라는 말로 양해를 구하고 자리를 뜬다. '변소'라는 낱말을 고수하는 그 고집이 세계적 경영인으로 우뚝 서게 만든 것은 아니었을까. 판치는 날개영어, 유식이 넘쳐나고 우리말이 꼬부라지고 있다.

단연코 말하건대 정체성을 왜곡한 세계화란 사상누각일 뿐이라는 생각에 변함이 없다.

인생 오디션

일주일에 한두 번은 불광천 길을 걷는다. 한참 걷다가 다리를 쉬고 싶을 거리쯤에 찻집 '커피모리'가 있다. 연극배우 S씨가 운영하는 찻집이다. 그는 장기공연중인 연극 '오아시스 세탁소 습격사건'에서 주인공을 맡고 있는 중견 배우다. 그 집 앞을 지날 때면 들르고 그가 생각나면 이 길을 걷는다.

그는 서울예전을 졸업하자 교수의 추천으로 연극무대에 섰다. 20여 년 전까지만 해도 대학에 연극영화과가 6, 7개뿐이었다. 대학을 다니면서 실력을 쌓다보면 영향력 있는 분들의 눈에 들거나 기회가 주어지면 무대에 서던 때였다. 인맥과 알음알음으로 연예인을 발탁하던 시절이었다. 인맥의 오디션이다.

요즘 오디션 열풍이 대단하다. 오디션은 치열한 경쟁을 통해서 무명에서 일약 인기연예인이 되는 등용문이다. 지금은 여러 대학의 연극영화과나 전문학원에서 배출하는 지망생이 넘쳐나고 있다. 오디션 공고를 하면 지원자가 몰려들어 바늘구멍보다도 더 좁은 관문을 통과해서 연예인이 된다. 어렵고도 힘든 공개오디션이다.

이처럼 치열한 오디션을 거쳐서야 무대에 서게 된다. 하지만 그 무대에서도 가수는 작사가나 작곡가의 뜻에 부합하는 노래를 부르기 위해서 밤잠을 설쳐야 한다. 설거지할 때도 길을 걸을 때도 차 안에서도 연습을 해야 한다. 연기자는 작중인물에 부합되도록 실생활도 작중인물이 되어 살면서 대본을 내 것으로 소화해 내야한다. 발레리나는 1년에 천여 켤레의 토슈즈가 해지도록 연습을 해야 한다. 혹독한 자기훈련이다.

이렇게 혹독한 훈련을 거쳐서 어느 정도 인정을 받고 인기를 얻는다 해도 긴장을 늦추지 않고 오디션 당시의 마음으로 무대에 서야 한다. 운 좋게 정상의 대열에 오르더라도 마찬가지다. 아니 더하다. 이미자나 조용필이 나이가 들어도 인기를 누리는 이유는 끊임없이 자기계발을 통해 변신하고 있기 때문이다. 독일 슈투트가르트 무용단의 수석 발레리나 강수진이 혹독한 연습으로 휘어지고 균형을 잃은 발가락이 세상에 알려졌을 때 '가장 아름다운 발'이라고 찬사를 아끼지 않았던가. 이렇게 자기훈련을 통해서 오르고, 오른 자리를 지켜내야 한다. 인기는 거품과 같아서 언제 어느 때 사그라질지 모른다. 늘 불안하고 초조하다. 대중의 식성은 까다롭고 성품은 냉정하고 변덕스럽다. 하지만, 진정한 카멜레온적인 연예인을 만났을 때 관중은 환호하고 열광한다. 카멜레온적인 오디션이다.

연예인은 무대에 설 때마다 오디션을 받는다. 공개오디션은 심사위원들의 성향을 파악해서 잘하면 운 좋게 합격할 수 있다쳐도, 무대 위에서의 오디션은 냉정하고 더 가혹하다. 오늘도 별이 되기를 바라는 무수한 예비 별들이 단 일초를 반짝여보지도 못하고 유성이 되고 만다. 순간에 지고 마는 유성도 못 되는 별 아닌 별이 또 얼마이겠는가. 별자리 같은 오디션이다.

원로시인 L선생은 시를 낭송하고 퍼포먼스로 사람의 마음을 흔드는 분이다. 그분은 찻집에서도 어린아이를 앞에서도 시를 읽고 바닷가에 막걸리 한 잔을 따라 놓고 파도를 보면서 시를 읽는다. 그분과 섬에서 몇 밤을 같이 보낸 적이 있다. 잠에서 깨보면 책을 읽고 또 깨보면 시를 읽고 있었다. 자다가 책을 보고 책을 보다가 잠을 잔다. 걷다가도 메모를 하고 시를 읽는다.

고흐를 쓰기 위해 고흐가 되고 황진이를 쓰기 위해 황진이가 된다. 시인으로 존재하기 위해 시처럼 사는 그가 바로 시고, 시가 바로 그다.

그런가 하면 초청을 받으면 원고를 미리 써서 열 번 스무 번을 읽고 또 읽는다. 원고 없이도 마음을 전달할 수 있을 때까지 자신을 닦달한다. 그런 뒤에야 무대에 오른다. 독자는 그의 말 한마디에 감동하고 몸짓에 황홀해한다. 시인오디션이다.

우리도 1회적인 인생을 살면서 인생이란 이름의 무대에서 오디션을 받는다. 연예인이 오디션에 합격해도 긴장을 풀지 않고 무대에 서는 것처럼, 당초의 마음을 잊지 않고 남편으로서 아비로서 사회인으로서의 오디션을 치르며 산다. 인생오디션이다.

어찌하겠는가. 끈임 없이 반복되는 오디션을 위해서, 시를 위해 시처럼 사는 L시인처럼, 나야말로 아비를 위한 아비로서, 남편을 위한 남편으로서, 사회인으로서, 나를 위한 나로서 최선을 다하면서 살 수밖에. 하여, 오늘도 오디션을 받으러 길을 나선다.

한 달만 살자던 그 섬

술에 취한 섬
물을 베고 잔다
파도가 흔들어도
그대로 잔다

저 섬에서
한 달만 살자
저 섬에서
한 달만
뜬눈으로 살자
저 섬에서 한 달만
그리움이 없어질 때까지

뜬눈으로 살자

이생진 시인의 「그리운 바다 성산포」를 읽으면 고독하고 사무치는 망망대해가 펼쳐진다. 슬프고 가슴 저려오는 바다다. 저 섬에서 한 달만 살자, 한 달만 살자, 저 섬에서 한 달만 살자, 가슴을 치게 하는 시인의 절규를 들으며 막걸리잔을 기울인다. 30대가 지나고 40대가 되어도 따라붙는 바다, 50대를 보내고 60대를 보내고 70대를 또 보내도 집요하게, 따라붙는 바다 앞에서 잔을 기울인다. 성산포 언덕에 있는 시인의 시비공원에서 시를 읽는다. 네가 읽고 나면 내가 읽다가 막걸리로 목을 적셔가며 번갈아 시를 읽는다. '소금보다도 짜다는 인생을 안주하여' 시를 읽는다.

시를 읽다가 올레를 걷는다. 하늘과 바다와 땅과 바람과 사람이 흉허물 없이 절로 어우러지는 길을 걷는다. 걸으며 생각하고 생각하며 걷는다. 올레는 바람에 등 떠밀려 끝없이 걷게 만드는 길이다. 바람이 사방팔방에서 불어와 몸과 마음을 흔들어댄다. 바람에 머리카락 헝클어지고 등 떠밀려 걷다보면 바람 따라 걷는다.

바람, 올레는 바람과 함께 걷는 길이다. 올레를 걷다보면 그 길이 바람의 길임을 알게 된다. 네덜란드 사람 하멜도 바람에 실려 왔고, 조선시대 장한철이 제주를 떠났다가 풍랑에 밀려다니며 『표해록(漂海錄)』을 썼다. 우이도에 살던 홍어장수 문순득도 풍랑에 떠밀려 왔다. 정약전은 그의 표류를 기록한 최초의 기행문 『표해시말(漂海始末)』을 썼다. 바람의 길은 새로운 세상을 열어 눈이 되고 글이 되었다.

때로 그 길이 유배의 길임을 알게 된다. 영창대군의 살해를 비판했다는 죄목으로 정온이 유배된다. 주자학의 대가 송시열도, 추사 김정희도, 최익현도… . 그들은 추운 겨울 같은 삶을, 죽음과도 같은 삶을 살아냈다. 그렇지만 그들은 유배의 시간을 수련의 시간으로, 나아가 자기부활의 시간으로 살았다. 이 길을 걸으며 그들을 만난다. 그 귀한 극기와 부활을 만난다.

때로 그 길이 요절의 길임을 알게 된다. 충남 부여에서 태어난 김영갑은 서른이 될 무렵 제주에 매료되어 눌러앉아 20년 동안 미친 듯이 사진만 찍어댔다. 제주를, 용눈이오름을 찍고 또 찍어댔다. 하지만 너무 가혹한 운명, 순간 카메라가 무거워지고 셔터를 누를 때 손이 떨렸다. 운동세포가 사멸하는 루게릭병 진단을 받고 그 병으로 52세에 세상을 떠난 그 길을 걷는다. 찰칵, 또 찰칵 셔터 누르는 소리. 한줌 재가 된 그가 뿌려진 길을, 요절의 길을 걷는다. 처절한 고독 속에 살면서 예술에 순하는 정신을 만난다.

올레를 걷는다. 앞으로 가야할 길을 가기 위해 지나온 길을 되돌아본다. 무엇을 위해 걸어왔는가. 나만의 길이 아닌 모두 같이 걸어가는 길을 걸어왔는가. 앞사람이 걸어가는 길과 비교해보며 걸어왔는가. 내가 걸어온 길이 남도 걷고 싶어 하는 길인가. 나에게 묻고 또 물어본다.

그런 길은 하루아침에 만들어지지 않는다. 인내와 절제를 통해서만 이룰 수 있는 길이다. 해서, 오늘도 그 길을 걷는다. 유배의 길을, 요절의 길을, '한 달만, 또 한 달만… '을 절규하던 시인의 섬 길을, 아니 올레를 걷고 또 걷는다.

이 행복감은

시청역에서 개찰구를 나와 2번 출구 쪽으로 걸어가는 중이었다. 그때 구세군 자선냄비 종소리가 울렸다. 자선냄비 앞에서 한 해를 되돌아보며 지갑을 꺼냈다.

사람들은 구세군 자선냄비 종소리를 들을 때면 어려운 이웃을 생각하게 되고 조금이라도 힘이 될 일을 찾게 된다. 연말이 되면 여러 단체에서 불우한 이웃을 돕자는 운동이 벌어지고 많은 사람들이 이에 동참한다. 기부한 사람에게는 빨간 '사랑의 열매'를 달아준다. 감사의 열매다.

뉴스시간에는 성금을 기탁한 사람이나 기업체 이름이 자막으로 나오면서 아나운서는 감사의 목례를 한다. 대기업들은 100억씩 200억씩 통 큰 기부를 한다. 자신의 이름을 앞세우는 기부가 이어진다. 그런가 하면 숨어서 좋은 일을 하는 '얼굴 없는 기부'도 이어진다. 낮에는 직장에서 일하고 밤에는 군고마를 팔아 기부하는 청년도 있다. 우편배달부로 정년을 한 노인이 폐휴지를 모아 판돈으로 쌀 100포대를 고아원에 기부했다고 한다.

전북 전주시 노송동 동회앞길에 한 익명의 기부자가 종이상자를 두고 갔다. 그 속에는 5만원권 7다발과 돼지저금통이 들어있었다. 올해로 11년째라고 한다. 동회에서는 주변도로를 '얼굴 없는 천사도로'라 이름 짓고 화단에 기념비도 세워 그를 기린다고 한다.

우리는 기부와 자선이 미덕인 시대에 살고 있다. 기부와 자선은 타인을 위한 선물행위이며 대가(代價)가 없어야 진정한 선물이 될 수 있다. 무엇을 바라고 주었다면 그것은 뇌물이지 선물이 아니다.

명절이나 생일 때면 가족이나 가깝게 지내는 사람들 사이에 선물을 주고받는다. 좀 과하다 싶은 선물을 받을 때면 신경이 쓰이고 기회가 오면 그에 상응하는 선물을 하게 된다. 이런 일이 있었다. 직장에서 몇몇이 동호회를 만들어 쉬는 날이면 자전거타기를 했다. 회원인 직원한테서 생일날 자전거를 선물로 받았다. 과한 선물이었다. 그 직원 생일을 기억했다가 그에 상응하는 선물을 못되지만 가죽장갑을 선물을 했다. 답례인 셈이었다.

그 뒤 승진심사를 할 때 그 직원이 명단에 올라와 있었다. 그의 이름을 보자 자전거가 떠올랐다. 나는 그 직원보다 서열이 하나 위에 있는 다른 직원에게 승진기회를 주었다. 그 뒤부터는 선물로 받은 자전거를 탈 수가 없었다. 행복한 마음으로 받은 선물이었다면 아무런 문제가 없었겠지만 자전거는 공무를 집행하면서 부담이 되었다. 자전거는 선물이 아니었다. 프랑스 철학자 자크 데리다는 '선물이 존재하려면 어떤 상호관계, 반환, 교환, 대응선물, 부채의식도 존재해서는 안 된다'라고 말했다. 그의 이론을 따르지 않더라도 자전거는 선물이 아니라 뇌물이었다.

우리는 선물이란 이름에 걸맞은 선물을 할 줄도 받을 줄도 모르면서 주고받는다. 받으면 되갚아야 하고 받은 것보다 덜 갚으면 뒷말이 따르는 선물. 심지어 관혼상제 때 오가는 봉투는 받은 대로 되갚아야지 그렇지 못하면 관계에 금이 가기 십상이다. 선물을 주고받는 것이 아니라 거래를 하고 있는 것이다. 이렇게 선물다운 선물을 해보지 못하는 우리에게 기부와 자선은 너무 버거운 짐일 수 있다. 선물은 대가가 없어야한다는 것 이외에 가장 소중한 것을 타인에게 주어야한다는 것이다. 전주시 노송동에 11년째 기부를 하는 그 '얼굴 없는 천사'와 같은 사람이 그리워지는 세상이다.

전철을 탈 때 노약자석에 앉았다가 나보다 더 노인이 오면 자리를 양보한다. 이 경우 자리는 하나의 선물이 될 수 있다. 자리를 양보할 때면 몸은 피곤지만 순간 이상한 행복감이 찾아온다. 자신에게 가장 소중하고 귀한 것을 내어주는 것, 스스로 가난해지려고 하는 사람만이 느끼는 행복감이다.

옛사람들은 청빈(淸貧)을 실천하면서 살았다. 어려움 속에서도 더 어려운 사람을 도우며 행복감을 느꼈던 것 같다. 자신보다 어려운 사람에게 선물하므로 해서 생기는 가난은 재물을 늘렸을 때보다 더 행복해 했던 것 같다. 그러나 남에게 주는 선물이나 자선이나 기부가 결코 쉬운 일이 아니다.

꺼낸 지갑에서 지폐 한 장을 자선냄비에 넣는다. 지하철 출구를 나와 대한문 앞을 지날 때, 구세군 자선냄비 종소리가 대한문 지붕 위로 울려 퍼진다. 겨울 하늘이 더 높고 푸르고 시리다.

아랫목

올겨울은 유난히 춥다. 영하의 날씨가 한 달 넘게 계속되고 있다. 게다가 눈도 자주 내려 도로는 눈과 염화칼슘이 범벅이 된 빙판이다. 사람들은 조심조심 걷다가 엉덩방아를 찧기도 한다. 거리를 오가는 사람들의 어깨가 움츠러들고 걸음이 빨라진다. 서둘러 집으로 돌아와서는 설설 끓는 아랫목을 그리워한다. 보일러를 아무리 틀어도 느껴지지 않는 추억의 아랫목, 침대시트에 깔려있는 전기담요의 온기로 겨울을 녹이면서 말로는 표현할 수 없는 추억의 아랫목을 그리워하는 겨울밤이 더 길게 느껴진다.

아파트에서 태어나 자라난 세대는 온돌문화가 무엇인지 잘 모른다. 아궁이에 불을 지펴 구들장을 달구고 따끈따끈한 아랫목에 모여앉아 찐 고구마를 먹다가 목이 메면, 동치미국물을 마셔가며 오순도순 대화를 나누던 정겨움을 모른다. 식구가 밖에서 들어오면 "춥지!" 하며 아랫목에서 언 몸을 녹여주던 그 마음을 모른다. 윗목에는 늦게 오는 식구를 위해 밥상을 상보로 덮어놓고, 밥그릇은 아랫목 이불 속에 묻어두고 이슥토록 기다리는 어머니 마음을 잘 모른다. 뿐인가. 메주도 청국장도 아랫목에서 띄우고 식혜를 삭혔던 것은 더 모른다. 이렇게 온돌문화는 많은 것을 녹이고 익히고 자라게 한 뿌리였다.

지금은 스위치만 누르면 가스나 전기보일러가 아랫목 윗목을 가리지 않고 집안을 데워준다. 문명은 이렇게 편리하고 세련된 삶을 제공하지만 사람과 사람 사이의 인간적인 정분을 데우지 못하는 것 같다. 온돌문화에는 가족 간의 따뜻한 유대와 이웃과의 정다운 교류와 편안함이 있었다. 박목월 시인은 '가정'이라는 시에서 '아랫목에 모인/ 아홉 마리 강아지야/ 강아지 같은 것들아/ 굴욕과 굶주림과 추운 길을 걸어/ 내가 여기 왔다/ 아버지가 왔다'고 노래했다. 자식을 위해 아랫목을 내주는 아비의 윗목 마음이 아리게 느껴지는 시이다.

오늘은 바람이 창문을 흔들어대고 한기가 몸속으로 더 파고드는 밤이다. 보일러 온도를 높여도 한기가 가시지 않는다. 무릎담요를 덮고 인터넷으로 이런 저런 정보도 알아보고 외국에 있는 조카한테 메일도 보낸다. 얼마 전에는 폭우가 내리더니 어제는 산불로 홍역을 앓고 있는 타국에서 별고 없는지 걱정된다고. 앉은 자리에서 인터넷으로 세계와 실시간으로 교류하고 시공을 뛰어넘는 정보도 주고받는다. 고마운 문명 덕분이다.

하지만 자정이 훨씬 지난 이 시간에 찬바람이 세차게 창문을 흔드는 소리에 마음도 흔들린다. 문이 열렸나 하고 거실 쪽을 둘러보다가 문득 혼자인 나를 발견한다. 대화할 사람도 갑자기 쓰러져도 구조해줄 사람도 없는 이 밤, 엄습해오는 고독감과 절망감 그리고 보일러가 데워주고 있는 넓은 방에서의 이 깊은 망연자실함….

온돌문화시대에 살던 가족들은 아랫목에 모여서 겨울을 났다. 공동생활이었다. 아랫목에 다리를 묻고 한 이불 속에서 잠을 자고 두레반에 둘러앉아 밥을 먹었다. 어머니는 아랫목에서 자식을 낳고 산후조리도 했다. 그런 뜻에서 우리의 정서적 고향, 자궁은 아랫목이라 할 수 있다. 살아가면서 무의식적으로 느끼는 고독감, 소외감, 단절감, 절망감도, 깊은 밤 바람소리에 잠 못 들고 뒤척이다가 혼자인 자신을 발견하고 깊은 고독을 느끼는 것도 따뜻한 아랫목을 상실한 때문일 것이다.

찬바람이 분다. 창문을 세차게 흔들어댄다. 따뜻한 아랫목이 그립다.

겨울나무, 그 뿌리처럼

산에 오른다. 잎을 떨어뜨리고 나목으로 의연하게 서 있는 겨울나무를 만나러 산을 오른다. 한 해를 보내고 새해를 맞은 지도 어제 같은데 벌써 경칩이다. 그러나 산은 아직도 한겨울. 모진 추위를 견디며 봄을 준비하는 겨울나무를 보러 오늘도 산을 오른다.

한 해를 보내고 새해를 맞을 때마다 사람들은 한 살을 더 먹는다. 겨울을 견디는 나무도 한 해를 보내면 나이테가 생겨난다. 나무는 봄부터 여름까지 쑥쑥 자라다가 가을부터 겨울 동안 천천히 자라고 조직이 치밀해 지면서 나이테가 생겨난다. 나이테가 생겨난 간격, 색깔, 흔적 같은 것을 보고 학자들은 그 지역에 언제 가뭄이 들었고 산불이 났는지, 기후의 변화와 그 주기를 예측하기도 한다. 사람이 한 살을 먹는 동안 겪는 일이 서로 다르듯이 나무도 기후나 주변 여건에 따라 나이테가 다르게 형성된다. 세월을 허송하지 않고 잘 살아온 이들을 두고 연륜이 있다고 말한다. 나이테를 말함이다. 나이테는 그 나무가 자라온 역사다. 나무의 삶이나 우리네 삶이나 즐겁고 편안한 시간들과 어둡고 힘든 시간이 쌓여서 연륜이 이루어지는 것 같다.

1년에 두세 번은 남한강과 북한강이 서로 만나는 두물머리를 찾는다. 강가에 서 있는 느티나무를 보러간다. 5백 살을 먹도록 그 자리에서 겨울바람을 막아주고 여름엔 시원한 그늘을 만들어 주는 고목, 느티나무 아래서 한참 앉아있으면 마음이 후련해진다. 그래서 두물머리를 찾는다.

사람의 수명이 길어졌다고 하지만 아직은 1백 살을 살기 어렵다. 하지만 나무는 두물머리에 있는 느티나무처럼 수백 년, 수천 년도 산다. 사람의 한살이는 유년기, 소년기, 청년기, 장년기, 노년기로 이루어지지만 나무의 한 살이는 한 해를 기준으로 되풀이된다. 봄이면 연둣빛 새순을 내밀고, 여름이면 그늘을 만들고, 가을이면 열매 맺고, 겨울이면 나목이 되어 모진 추위를 견디며 죽음 같은 시간을 보낸다. 하지만 봄이 오면 새순을 내

밀며 또 다른 한살이를 시작한다. 이렇게 수십 년을, 수백 년을, 수천 년을 견딘다. 그 견딤의 힘은 뿌리에 있다.

나무뿌리는 겉으로 드러나지 않듯 사람의 뿌리도 겉으로 드러나지 않는다. 나무에게 뿌리는 생명의 근간이듯 사람에게도 뿌리가 생명의 근간이다. 뿌리가 부실하면 몸통을 지탱하기 어렵고 뿌리가 뽑히면 생명을 유지하기 어렵다. 사람도 나무도 생명의 뿌리가 튼튼해야 수없는 시련을 견디면서 생명을 부지할 수 있다. 하지만 그 뿌리는 하루아침에 튼튼해지는 것도 아니고 원한다고 깊어지는 것도 아니다.

뿌리가 땅을 뚫고 자리 잡기까지는 에너지가 필수적이다. 하루, 한 해, 온갖 시련과 고난을 겪으며 눈에 보일 듯 말 듯 아주 조금씩 자라면서 알게 모르게 뿌리를 아주 깊게 내린다. 절벽 바위틈에 사는 나무는 열악한 환경에서 목숨을 부지한다. 물이 턱없이 부족한 나무는 실뿌리를 많이 만들어 주변의 습기를 최대한 흡수한다. 기온이 영하로 내려가면 물이 얼어 부피가 늘어서 바위가 벌어지고 그 틈새로 뿌리가 들어가서 실뿌리를 내린다. 속 깊은 인내와 자기 성찰이 부족한 삶을 사는 사람은 뿌리 뽑힌 나무가 되어 인생을 허비하는 경우가 많다. 그런가 하면 온갖 풍상을 견디며 삶의 내성을 키우는 사람의 뿌리는 튼튼하게 자란다.

뿌리 깊은 나무는 가뭄도 타지 않고 바람 불어도 뽑히지 않는다. 뿌리 깊은 나무는 숱한 나뭇가지에 골고루 수액을 보내고 골고루 푸르러지고 골고루 결실을 맺는다. 세월을 겪어낸 뿌리 깊은 나무는 넉넉한 그늘로 생명을 품고 보듬어 준다. 우리네도 한 살 또 한 살, 나이테를 더하면서 뿌리 깊은 나무가 되어야겠다.

두물머리에 있는 5백 살 먹은 겨울나무, 그 뿌리처럼.

당신이나 잘 하세요

짐을 꾸린다. 여행용 가방에 4, 5일 입을 옷을 넣고 세면도구도 약도 넣는다. 꾸린 짐을 확인하고 또 확인한다. 마지막으로 여권을 넣는다. 기내에서 읽을 책도 챙겼으니 빠진 것은 없을 듯싶다. 큰애네 집에 있는 아내에게 짐 잘 싸라고 전화를 한다. 특히 여권은 미리 가방에 넣으라고. 아내는 같은 말을 몇 번째 하냐면서 "당신이나 잘 하세요."라고 한다.

이 밤이 지나면 여행을 떠난다. 가깝게 지내는 친구들과 도쿠가와 시대의 문화가 숨 쉬는 일본 이바라키 현을 가기로 했었다. 그런데 떠나기 3일 전에 동일본 대지진으로 부득이 취소했다. 의견을 다시 모아 봄의 도시, 꽃의 도시로 불리는 중국 곤명으로 행선지를 바꿔야했다.

자정이 지나서야 잠자리에 든다. 쉬 잠이 오지 않는다. 스탠드에 불을 켜고 책을 편다. 글자가 눈에 들어오지 않는다. 중국지도에서 곤명을 찾아본다. 마음은 어느새 곤명에서 다민족 민속공연을 보고 운남민족박물관에서 56개 민족의 삶도 둘러본다. 그래도 진정이 안 된다. 여행은 마음을 들뜨게 하고 잠도 쫓는가 보다. 책도 읽히지 않는다. 식은 가슴(?)에도 온기를 돌게 하는 요술쟁인가. 짐을 꾸리고 꾸린 짐을 다시 펴 보고 또 꾸리게 한다.

일행들에게 곤명의 날씨는 우리나라와 비슷하니 옷은 평상복으로, 한국 돈이 사용되는 곳이니 소액권으로 준비하고, 약 잊지 말고, 여행정보를 미리 읽기 바란다며 끝으로 여권지참 하라는 말은 진한 글씨로 써서 전자우편으로 보냈다. 출발 하루 전에는 일일이 전화도 했다. 아내는 이런 나를 보고는 그 사람들은 우리보다 여행을 더 자주 다니는 사람들이니 걱정 말고 "당신이나 잘 하세요"라고 한다.

가방을 거실에 내다놓고 화분에 물을 흠뻑 준다. 수생식물 몇 분은 아예 물통에 담가 놓는다. 창문 고리도 잠근다. 신문보급소에 5일 동안 신문을 넣지 말아달라고 부탁한다. 더 이상 확인

할 것이 없을 듯싶다. 가방을 끌고 현관을 나선다. 아차! 도시가스 중간밸브 잠그는 것을 깜빡한 것 같다. 현관문을 열고 주방 쪽을 본다. 밸브가 잠겨있다. 착각이었다. 쓴웃음을 흘리면서 가방을 끌고 공항으로 향한다. 여행은 훌쩍 떠나는 것이라고 한다. 훌쩍 떠나기가 말처럼 쉽지 않다. 고작 4, 5일 집 비우기가 이렇게 복잡하고 어렵다.

인천공항 3층 출국장에 도착했다. 화사한 차림으로 밝아진 얼굴들이 더 밝게 웃는다. 김형 내외가 보이지 않는다. 전화를 한다. 김포공항을 지나고 있단다. 박형은 환전을 못 했다면서 은행으로 달려가고 이형은 소화제를 사러 약국으로 간다. 아내한테 "당신이나 잘 하세요"라는 핀잔을 들어가며 전자우편으로 전화로 그렇게 당부 했건만.

여행사 가이드가 일정표를 나눠주면서 여권을 모은다. 김형 내외는 영종대교쯤 오고 있을까? 신경이 그쪽으로만 간다. 박형 부인은 면세점에서 물건을 사야한다면서 시계를 보고 또 보면서 안절부절못한다. 그때 가이드가 나를 향해 달려오면서 "여권 잘못 가져오셨네요. 1시간 50분 남았어요. 총알택시 타고 빨리 다녀오세요."라고 한다. 가이드의 말도 총알처럼 빠르다. 아내 안색이 하얘진다. 여권을 다시 확인해 본다. 내 서랍 안에는 여권이 세 개가 있다. 뒤쪽으로 둘은 구여권이고 앞쪽 것이 현행여권인데 뒤쪽에 있는 여권을 들고 나온 것이다. 헛꼼꼼이다. 헛똑똑이다.

총알처럼 달리는 택시 안에서 일행들에게 "혹시 늦을 수도 있으니 시간 맞춰서 탑승 바란다."라고 문자를 보낸다. 아내에게는 "못 갈 수도 있으니 당신은 예정대로 다녀와"라면서 얼른 끊는다. '당신이나 잘 하라니까, 남의 걱정만하더니'라는 책망의 소리가 들리는 것만 같다.

차 안이 후덥지근하다. 땀이 난다. 창문을 연다. 바람이 윙윙 소리를 내며 차안으로 몰려온다. 바람결에 아내의 목소리가 묻어온다. "당신이나 잘 하세요."

명품

사람의 마음 안에는 사치가 하나쯤 들어있다. 그것이 명품 가방일 수도, 시계일 수도 있다. 만년필일 수도 있고 자동차일 수도 있다. 책을 탐닉하는 것일 수도, 노래에 몰두하거나 세상 이곳저곳을 두루 다니는 여행일 수도 있다. 이런 사치는 한 인간이 자기 안에 지니고 있는 기능이나 기질을 드러내 보일 수 있는 좋은 계기가 될 수도 있다. 아니, 마음속에 담아둔 바람이나 이상일 수도 있다.

여성들은 외출할 때마다 거울 앞에서 화장을 하고 옷장에서 이 옷 저 옷을 골라 입는다. 향수도 바꿔가며 살짝 뿌리고 핸드백도 옷에 맞춰 들고 마지막으로 구두를 고른다. 머리끝에서 발끝까지 치장을 하고 현관을 나서는 여성들이 입거나 들거나 신은 것 중 하나쯤은 명품이라고 한다. 설혹 짝퉁일지라도. 가히 명품시대다.

명품 '쇼핑백'이 인터넷에서 하나에 3만여 원에 팔린다고 한다. 그 종이백을 들고 다니면 명품을 구입한 듯한 자신감도 생기고 짝퉁을 쓰지 않는다는 느낌도 줄 수 있어 애용한다고 한다. 동대문시장에서는 짝퉁 명품 쇼핑백까지 등장했다고 한다. 그들은 명품로고를 보면서 위안을 받고 자기과시도 해 보는 것이리라. 이런 불황기에 돈을 아끼면서 품위를 위지하는 방법 중에 최선이 아닐까 싶기도 하다. 명품이 일상화된 시대이다.

기원전 330년 페르시아 여인들은 멋진 옷에다가 보석 세공품으로 머리를 치장하고 눈썹 사이에도 장식을 붙였다. 귀 둘레에는 진주를 감아 턱까지 늘어뜨렸다고 하니 오히려 지금보다 더 화려하면서 세련(?)됐던 듯싶다. 이는 사치의 극치가 아니라 마음속에 담아 두었던 자기 현시였다.

남성들도 슈트나 구두, 시계 하나쯤은 명품으로 치장한다. 성향에 따라서는 라이터나 필기구 하나쯤, 좀 더 여유가 있으면 세계인들이 선망하는 자동차나 요트 갖기를 소망한다. 기원전 페르시아 다리우스 왕 통치시대에는 남성들이 손가락에 여러 개의 반지를 끼고 목걸이도 하고, 보석 세공품으로 장식한 칼을 들고 금 안장에다 진주 장식으로 치장한 말에 올라 평원을 달렸다. 호사의 극치였다.

나도 해외여행을 떠날 때면 면세점을 기웃거리면서 점찍어둔 명품을 사기도 한다. 우리 집 장식장에는 수십 개의 종이 있다. 해외여행을 할 때면 마음에 드는 종을 하나 둘 들고 온 것이 4, 50개가 모였다. 그 종들 옆에는 구입한 장소와 날짜를 적어 놓았다. 문득 그리움이 밀려올 때면 종을 흔들어보고 메모를 읽어본다. 그 종이 살던 도시와 가게를, 같이 갔던 사람을 생각해낸다. 세상 이곳저곳을 다니며 들고 온 종들은 내가 나에게 선사한 가장 비싼 선물, 명품이었다. 사치품이었다. 그 이상이었다. 이 사치품은 졸작 「무성종」을 쓰게 했다.

이런 명품과는 다르지만 L시인은 푸른 시절 사랑하는 여인을 위하여 쓴 시를 모아 책을 만들었다. 손수 철필로 쓰고, 등사하고, 표지를 그리고, 제본하고 철사로 고정시키고 이를 실로 꿰매서 책을 만들었다. 세상에 한권 밖에 없는 손으로 만든 시집을 그 여인에게 바쳤다. 80이 넘도록 L시인 옆에서 이 세상에 하나 밖에 없는 그 책을 간직하고 있다. 이 책은 살 수도, 값을 매길 수도 없는 책이다. 명품이다. 아니, 최고의 사치품일 수도 있다. 그 부인은 최고의 사치를 누리며 80줄을 살고 있다.

프랑스의 경제학자이자 역사학자인 장 카스타레드는 저서『사치와 문명』에서 인류의 사치는 문명을 다채롭고 풍요롭게 만들었다고 분석했다. 이집트인들은 금접시에 진수성찬을 담아 먹었고 여인들은 향수를 몸에 들이부을 정도로 호사를 누렸다. 로마인들은 특히 몸의 아름다움을 숭배했다. 그들은 오늘날의 비키니를 이미 2천 년 전에 입었다.

또한 본능 속에 꿈틀거리는 사치에 가까우면서 마음속에 잠재해 있던 이상은 수많은 건축물과 예술품을 낳았고 이를 통해 문명이 발달 되었다고 말한다. 바빌론의 정원, 이집트의 피라미드, 아테네의 판테온, 로마의 콜로세움, 인도의 타지마할, 프랑스의 베르사유 궁 등도 사치의 위대한 결과물이라고 말한다. 그렇지만 인류의 역사 속에서 사치는 물질을 뛰어넘는 정신적인 차원의 것이어야 함에도 오늘날 사치는 물질에 지나치게 치우치고 있어 우려스럽다.

아내는 짝퉁 샤넬 핸드백을 들고 다닌다. 50여 년을 가족에게 헌신한 아내가 진품 핸드백 하나쯤 든다고 무어라 말할 사람도 없는데 짝퉁을 들고 나닌다. 내년 봄에 동유럽을 여행하기 위해서 적금을 붓고 있다. 출국 직전에 면세점에 들러 진짜 샤넬 핸드백을, 명품 핸드백을 살 생각이다. 유럽의 어느 호텔에서 첫 밤을 보낼 때 '짠!' 하고 선물할 작정이다.

L시인이 아내에게 선물한 세상에 하나 밖에 없는 명품 책에는, 장 카스타레드의 명언에는 못 미치겠지만, 마음속에 담아두었던 아내를 위해 선물하는 최상의 사치요, 최상의 이상일 수도 있을 테니까.

더부살이

보라색 꽃이 피어있는 미니 찔레 화분 안에 클로버 싹이 하나 돋아났다. 바람에 실려 온 것 같다. 뽑아 버릴까 하다가 그냥 두었다. 클로버는 찔레 화분에서 더부살이를 살고 있다.

나의 옛집 행랑채에는 두 가족이 살고 있었다. 김씨 가족은 2대째 살고, 박씨 가족은 김씨의 소개로 오게 되었다. 남편들은 농사일을 하고 아내들은 집안일을 거들었다. 추수가 끝나면 곡식을 새경으로 받아갔다. 땅 한 뼘 없이 주인집 농사를 아무리 열심히 지어봤자 돌아가는 몫은 뻔했지만 내 집 일처럼 열심히 했다. 어린 내가 보아도 셈평 펴일 날이 아득해 보였다. 그래도 묵묵히 씨 뿌리고 거름 주고 김매기를 게을리 하지 않았다. 부지런한 더부살이였다.

미니 화분에 더부살이 하고 있는 클로버도 화초가 흡수할 양분을 가져가긴 하지만, 잡초 나름대로 이웃에게 이로운 일도 하면서 살고 있다. 잡초는 화분의 상태를 알려주는 척후병 역할을 한다. 덩치가 작은 잡초의 잎이 먼저 시들어 물이 필요하다는 신호를 보내주고, 병충해에도 먼저 영향을 받는다. 주인은 이를 보고 꽃 상태를 살피게 된다. 그뿐인가. 잡초의 뿌리는 화분의 흙이 굳어지지 않도록 해 준다. 또 깊게 뻗어나가는 잡초 뿌리는 흙의 숨통이 되어 물 빠짐을 수월하게 해준다. 나름대로 주인에게도 도움을 주는 더부살이다. 상생이다.

우리 집 행랑채에서 더부살이 하던 그들도 8・15 해방이 되고 토지개혁이 실시되었을 때 아버지는 땅을 나누어 주면서 자립하도록 했다. 독립된 살림을 차린 뒤에도 농사철에는 자기 논보다 옛 주인 논을 먼저 손보고 주인집 대소사를 챙겼다. 어른들은 물론 어린 나를 만나도 깍듯이 대해주었다. 전관예우였다.

우리 집 가세가 갑자기 기울고 6・25 전쟁 중에 아버지가 돌아가셨을 때다. 그들은 쌀가마와 땔나무를 지고 와서 마당에 차일을 치고 상여를 꾸며, 옛 주인의 마지막 가는 길을 슬퍼했다. 보은이었다.

우리 집은 고향을 떠나 큰댁 아래채 방 한 칸에서 도시생활을 시작했다. 전쟁을 치른 많은 사람들도 우리처럼 생존에 허덕이는 때였다. 행랑채에 살던 김씨 큰아들이 내가 살던 집 근처에서 구멍가게를 하고 있었다. 그 앞을 지날 때면 반색을 하면서 단팥빵 하나를 찔러 주고는 계면쩍어 했다. 김씨가 아들네 다니러왔다가 큰댁 아래채에서 더부살이하는 우리를 찾아와 쌀자루를 슬그머니 놓고 가기도 했다. 상생과 보은이었다.

클로버 잎이 축 처진 것을 보고 깜짝 놀라 미니화분에 물을 준다. 고마운 도우미다. 상생에의 이웃이다. 뽑지 않기를 잘했지 싶다.

2.

꽃잎, 그 너머 파란 하늘을

차 한 잔을 마시며

주전자 물이 끓고 있습니다. 끓은 물을 다기에 담고 우전차를 넣습니다. 맑은 차 한 잔이 우러날 때를 기다리며 창문을 바라봅니다. 어젯밤에 내린 첫눈이 지붕 위에서 햇살을 받아 반짝입니다.

커피를 숭늉 마시듯 마시는 세상이지만 마음이 어지러울 때면 맑은 차 한 잔을 우려냅니다. 차 한 모금을 물고 입안에서 굴리다가 넘깁니다. 맑은 느낌이 온몸으로 번집니다. 많은 전통문화가 사라졌어도 차문화가 아직도 우리 곁에 있다는 것은 참으로 다행스러운 일이 아닐 수 없습니다. 차를 음미하는 것은 마음의 여백을 누리는 일이고 맑은 사유를 우려내는 일이기 때문입니다.

고려시대 문장가이자 차의 달인이었던 이규보는 차의 맛을 '도의 맛'이라고 하였습니다. 그뿐만 아니라 조선의 다성(茶聖)으로 불리던 초의선사는 차와 선이 별개의 세계가 아님을 강조하였습니다. 이를 다선일미(茶禪一味)라 부르고 있습니다. 차를 통해서 초의선사와 추사 김정희의 우정과 그리고 다산 정약용과의 친분은 널리 알려진 사실입니다. 차를 사이에 두고 형성된 그들의 고매한 세계를 다선삼매(茶禪三昧)라 부르고 있습니다.

차가 우러나는 과정, 맑은 차를 대하는 과정, 차를 마시기 위해 순간순간 동작을 멈추는 과정이 다도를 형성한다고 합니다. 차를 우려내는 과정은 내면적인 고통의 시간과 닮은 것 같습니다. 맑게 우러난 차를 대하는 과정은 정화된 자아를 마주하는 시간과 닮은 것 같습니다. 그리고 차를 마시기 위해 잠시 동작을 멈추는 과정은 자아를 돌아보는 과정을 닮은 것 같습니다. 그렇다면 초의선사와 추사 김정희와 다산 정약용이 어찌 다선삼매를 공감하지 않을 수 있었겠습니까.

맑게 우러난 차 한 잔을 또 따라 마십니다. 차 한 잔을 마심은 자아를 우려내고 자아와 마주보고 마침내는 그 자아와 합일하는 과정이기도 합니다. 바로 이런 내재성에, 과정이 좀 번거롭지만 전통차를 즐겨 마시는 것 같습니다.

마음이 어지러울 적엔 맑은 차 한 잔으로 여유를 찾습니다. 차 한 잔을 마시는 여유, 이는 인생을 맑게 마시는 삼매경입니다. 주전자 물을 다기에 담고 우전차를 또 넣습니다.

회초리를 들지 않는 사회

교사는 교단에서 학생을 가르치는 사람이다. 가르치는 장소는 교단뿐만 아니라 학교와 학교 밖까지 영향력을 넓힌다. 1950년대 말 내가 고등학교 다니던 시절에는 방과 후에도 선생님들이 조를 짜서 교외순찰을 했었다. 특히 극장 문 앞에서 단속하는 선생님께 적발되어 정학처분을 받는 학생도 있었다. 학생이 무단결석하면 가정방문을 하고 몸이 아파 결석을 하면 병문안을 가고, 집안에 우환이 생기면 같이 걱정하기도 했다. 언제부터인가 이런 풍토가 사라지고 학교 폭력과 체벌문제가 사회문제로 대두하게 되었다.

교사는 자신의 직업을 말할 때 '교편을 잡고 있다'라고 표현한다. 교편이란 학생을 가르치기 위한 도구로서의 막대기이지만 옛날 서당 훈장 손에 들려있던 회초리와 같은 거라고 생각된다. 지금에 와서는 회초리 대신 몽둥이와 폭력을 휘두르는 교사도 있지만 '사랑의 매'로 제자를 올바르게 가르치고 싶어 하는 교사가 훨씬 많다고 본다.

조선시대에는 자식을 서당에 맞길 때 아버지는 회초리 한 다발을 훈장에게 전달하는 초달문화(楚撻文化)가 있었다. 초달이 회초리를 뜻하니 현대의 교편과 본질적으로 다르지 않다. 서당시대에는 체벌이 관행적으로 인정 되었지만 중요한 것은 격식을 지켜 상호존중심을 잃지 않았다.

주의를 주고 경고까지 주어도 고쳐지지 않는 제자를 불러내 종아리를 걷게 한 뒤에 잘못을 알리고 몇 대를 때릴지를 예고한 뒤에 직접 헤아리게 했다. 제자는 인격적으로 모욕감을 느끼지 않게 하고 훈장은 분노하거나 흥분하는 일이 없도록 자제 했다. 상호존중심이 바탕에 깔린 교육이었다.

지금 교편이 사라진 교육현장은 모순과 혼돈이 교차한다. 교사에 대한 존경심을 잃은 학생들의 방만한 태도, 가르침의 방편을 잃은 교사들의 태도는 학교를 난장판으로 만들어가고 있다는 말이 설득력을 얻고 있는 것 같다. 스승과 제자 사이의 사랑과

존중심이 회복되지 않는 한 체벌금지에 대한 어떤 대안도 해결책일 수 없다고 본다. 남을 가르치는 일은 무한사랑을 바탕으로 하고 배움을 받는 일은 무한감사와 무한존경을 바탕으로 해야 한다.

교육의 시발점은 학교 이전에 가정이다. 태어나서 학교에 입학할 때까지 1차교육은 가정임에도 부모는 아이의 모든 문제를 학교에 떠넘기거나 일임하는 태도를 보이는 경향이 농후한 것 같다. 가정교육을 무시하는 학교교육, 학교교육을 무시하는 가정교육은 아이들에게 반편교육을 가르치는 결과를 낳고 있다.

체벌이 사라지고 꾸짖음과 훈육이 사라진 사회, 그것은 곧 어른이 사라진 사회이다. 어떤 어른도 선뜻 회초리를 들지 않는 사회에서 아이들은 무엇을 배우며 자라겠는가. 앞으로는 무엇을 배울까. 막막한 세상이다.

꽃잎, 그 너머 파란 하늘을

벚꽃이 만발했다. 여의도는 벚꽃 보러 모여든 사람들로 넘쳐나고 고속도로는 관광버스로 붐빈다고 한다. 나도 꽃을 보러 집을 나선다. 남산 벚꽃길도 사람들로 넘쳐난다. 벚꽃이 터널을 이룬 꽃구름 아래를 걷는다.

바람이 인다. 나무가 흔들리고 꽃잎은 허공에 흩날린다. 꽃잎이 흩날리는 광경이 화려하고 장엄하다. 슬프고 아름답다. 지는 꽃잎 사이로 파란 하늘이 보인다. 파란 하늘, 어쩌면 꽃잎들은 파란 하늘을 보라고 화려하고도 슬픈 풍경을 펼치는지도 모른다. 아름답게 흩날리는 꽃잎 좇아 하늘을 바라보면 마음은 자유로워지고 나도 꽃잎이 되어 어지러이 허공을 난다. 봄날은, 꽃잎은 이렇게 마음을 들썩이게 해놓는다. 사람들은 떨어지는 꽃잎 너머 파란 하늘을 바라보면서 꿈을 꾼다.

우리가 사는 세상은 꽃처럼 아름다운 세상이 아니다. 거미줄처럼 얽혀있는 관계 속에서, 남편으로 아내로… 너무나도 다양한 인생극장의 주인공 역할을 힘들게 해내며 살아가고 있다. 자신이 원하는 삶보다는 다른 사람을 위한 삶을 사는 경우가 더 많기도 하다. 이렇게 숨 막히고 답답하고 무료한 삶을 살다가 문득 하늘을 올려다보게 된다.

답답한 마음으로 하늘을 바라볼 때면 문득 어디론가 떠나고 싶은 강한 충동이 꿈틀거린다. 하늘을 바라보면서 여행을 꿈꾼다. 거미줄처럼 얽히고설켜 옥죄는 모든 관계 속을 벗어나 잠깐 동안이지만 나를 찾아 떠나는 자유로움을 꿈꾼다.

꽃나무를 통해서 하늘은 바라본다. 봄바람에 흩날리는 꽃잎은 하늘을 보여주면서 이 세상에서 평범한 사람으로 살 수밖에 없다는 사실도 일깨워준다. 이런 우리들에게 푸른 하늘이 있음을 가르쳐 주었던 꽃잎들은 허공을 날다가 조용히 땅으로 내려오고 만다. 그렇다. 가끔 고개를 들어 이런 하늘을 바라보며 살아야 한다. 그래야 숨을 쉴 수 있다. 하늘을 바라보면서 이 세상을 살아낼 수 있는 힘을 얻는다.

벚꽃길 따라 남산타워에 오른다. 남산 꼭대기에서 아래를 바라본다. 서울이 손바닥 안에 들어온다. 오래 머물고 싶어진다. 그렇다고 해서 오래 머물 수 없는 일이다. 머지않아 여기에서의 생활도 평범한 일상이 될 것이다. 해서 이내 일상으로 돌아오고 만다.

일상이 버겁거나 고통스러울 때마다 고개를 들어 흩날리는 꽃잎 사이로 파란 하늘을 본다.

월동준비

12월 하순, 한 해가 다 가버리고 며칠 남지 않았다. 마음 안에는 아직도 가을이 머물고 있는데. 어제도 오늘도 영하 10도를 오르내리는 강추위다. 며칠을 계속해서 춥다가도 한동안 포근한 날이 이어지는 이상기후다. 그런데도 나는 춥다.

지난 가을은 산천이 곱게 물들어 참으로 화려했다. 스며오는 한기가 쓸쓸했고, 바람에 흔들리는 억새 속을 걸으며 삶의 덧없음에 망연자실했다. 연구소에서 생명공학을 공부하다가 생명의 본질에 부딪쳐 불교에 귀의한 스님을 바닷길에서 만나 같이 걸었다. 그가 고뇌하는 '생명의 본질인 인간은 어디서 와서 어디로 가는 것입니까?'에 대한 이야기를 들으며 걸었다.

그의 방에 가서 국화차를 마시며 한기를 녹였다. 국화꽃을 따다가 청주로 제독을 하고, 응달에 말린 뒤 찹쌀 풀로 스프레이를 했다. 대바구니에 담아 왕소금을 뿌린 뒤 그늘에 또 말려서 만든 차를 마셨다.

자그마한 병에 나눠준 국화차를 거실 창가에서 마시며 가을을 보냈다. 국화차가 반이 넘게 남았는데, 그 차가 담긴 병에 가을이 아직도 머물고 있는데 거실에서 점점 한기를 느끼게 된다. 차를 마시면서 두꺼운 옷을 입고 무릎 담요로 한기를 밀어내보지만 역부족이다. 마음 안에는 아직도 가을이 머물고 있는데 이미 한겨울이다. 어서 월동준비를 서둘러야겠다.

전 같으면 문 창호지 바르고, 김장 넉넉하게 담가서 김칫독 묻고, 앞산을 오르내리며 땔나무 해다가 헛간에 부렸다. 채 월동준비가 끝나기 전에 눈이 내리고 문고리 잡으면 쩍쩍 얼어붙는 겨울이 앞질러와 있었다. 요즘 세상은 월동준비 할 일이 없다. 이런 것들을 돈이 해결해주는 세상이 되었다. 그 돈을 내 것으로 만들기 위해 못할 일 못할 짓 다 해가며 사는 세상. 따지고 보면 내 집 월동준비를 내 힘으로 하던 때보다 더 어려운 월동준비를 하고 있는 것 같다.

외출할 때면 두툼한 옷을 꺼내 입고 집에서는 보일러 틀고 지낸다. 수도계량기에 보온덮개가 덥혀있는지, 옥상으로 가는 창문이 잘 닫혔는지…. 살펴보아도 이상 없다. 월동준비 끝이다. 그런데 무언가 미진한 것 같다. 무언가 남아 있는 것만 같다.

따뜻한 거실창가에 앉아 가을날 바닷가에서 만났던 스님이 나누어준 국화차를 달인다. 몸은 겨울을 살고 있는데 마음은 아직 국화차가 담긴 병 속에, 쌀쌀한 그 가을 속에 머물고 있다. 월동준비를 서둘러야겠다. 따뜻한 국화차를 마시며 시린 겨울을, 아니 시린 마음을 녹여야겠다.

인생을 걸으며

가깝게 지내는 C형과 약속장소로 가는 중이다. C형이 하는 말이 "뒤에서 보니까 오른쪽 어깨가 왼쪽 어깨보다 더 올라가 있다"면서 어깨가 수평을 이루도록 신경 쓰라고 한다. 그 일이 있은 뒤부터는 건물 앞이나 전철을 기다릴 때면 유리창에 비친 내 어깨를 유심히 바라보게 된다. 왼쪽 어깨가 기운 것을 발견할 때면 몸가짐에도 문제가 있겠지만 현실과 이상의 추가 균형을 이루지 못한 탓이란 생각을 해본다.

사람들의 걸음걸이는 각양각색, 천차만별이다. 어떤 사람의 걸음걸이에는 인생에 대한 체념과 좌절이 묻어나고, 어떤 사람의 걸음걸이에는 인생에 대한 당찬 의욕이 넘친다. 어떤 사람의 걸음걸이에는 사랑의 감정이 가득해 보이고, 어떤 사람의 걸음걸이에는 증오가 출렁인다. 어떤 사람의 걸음걸이는 사막처럼 메말라 보이고, 어떤 사람의 걸음걸이는 잘 가꾼 아름다운 인생의 정원이 있어 보이기도 한다. 마음을 정하지 못하고 방황하는 걸음걸이, 과시욕과 오만이 넘치는 허세와 위선의 걸음걸이, 아랫배를 불룩 내밀고 거들먹거리는 팔자(八字)걸음도 있다. 그런가 하면 오직 자신만을 위해 걷는 걸음걸이, 또 함께 공존하는 소박하고 겸손한 걸음걸이를 볼 때도 있다.

걸음걸이를 유심히 바라보면 그 사람의 말 한마디 움직임 하나에 표정이 있고, 감정과 인생관이 배어있다. 걸음걸이에도 인생이 들어있음을 발견하게 된다. 걸음걸이와 인생이 따로 떨어진 게 아니란 것을 알게 해 준다. 그러니 그 사람의 걸음걸이는 마음의 움직임이요 인생의 몸짓이다.

걸음걸이가 이상하다는 말을 들은 청년이 동영상을 찍어서 직접 보고는 큰 충격을 받았다고 한다. 자신은 늘 바른걸음을 걷는다고 생각했는데 동영상을 통해서 본 걸음걸이는 뒤뚱거리며 우스꽝스럽고 기이해 보였다. 전문기관에서 훈련을 거친 뒤, 걸음걸이를 교정하게 되었다. 걸음걸이만 바꾼 게 아니라 인생에 대한 생각도 바뀌게 되었다고 한다.

제대로 된 걸음걸이는 겸손한 마음에서 시작된다고 믿으며 걷는다. 우리가 내딛는 한 걸음 한 걸음이 인생을 만드는 것과도 같으니 함부로 내디딜 수 없을 것 같다. '나는 지금 인생을 걷는다.'라고 집중하면서 걸으면 바로 걸을 수 있을 것 같다. 인생의 중심도 잡을 수 있을 것 같고 부질없는 삿됨에 휘둘리지 않을 수 있을 것도 같다.

건물 유리창 너머로 나를 비춰본다. 왼쪽 어깨가 기울어 있다. 얼른 오른쪽 어깨를 올려 수평을 이루면서 걷는다.

드러냄과 감춤

서삼릉 입구에 있는 농협대학에 가는 길이다. 경내는 숲이 울창해서 사계절이 고운 곳이다. 자연을 자연그대로 보존하고 있는 몇 안 되는 곳이라 적어도 한철에 한 번은 찾는다.

이곳에 가면 늦은 봄부터 가을까지 야생화가 피고진다. 꽃을 들여다보고 있으면 녀석들은 고개를 숙이며 꽃을 피우고 있음을 알게 된다. 은방울처럼 생긴 작은 꽃들이 차례차례 달리는 은방울꽃, 키는 작달막한 녀석이 여름 하늘에 푸른빛을 뿜어대는 하늘매발톱꽃, 주황색 바탕에 자주색 점이 찍힌 참나리꽃은 다소곳이 고개를 숙이며 꽃을 피우고 있다.

우리 속담에 '벼가 익으면 고개를 숙인다.'라는 말이 있다. 많이 배우고 높은 자리에 있는 사람일수록 겸손해야 한다는 뜻이다. 우리는 고개 숙이는 것을 미덕으로 여겨왔다. 이렇게 고개 숙이는 것을 미덕으로 아는 정서는 어쩌면 야생화에서 비롯되었는지도 모를 일이다.

고개 숙임은 자신을 낮춤이다. 조선의 여인들은 낮은 자세로 무더운 여름에도 한복을 겹으로 입고 지냈다. 몸을 다 드러내지 않고 살짝 감추며. 이렇게 여인들이 마음이 몸을, 몸이 마음을 감추었음은, 다소곳이 고개 숙여 꽃잎 안이 보일 듯 말 듯한 야생화의 가려진 매력에서 비롯되었지 싶다. 감춤이다.

그런데 고개 숙인 우리의 야생화가 서양에서 육종되면 빳빳하게 고개를 위로 쳐든다는 사실이다. 초롱꽃과 비슷한 캄파눌라, 서양매발톱꽃, 서양할미꽃들도 그렇다. 이들은 하나같이 수술과 암술을 밖으로 드러내보이며 고개를 쳐들고 있다. 관상원예학에선 이렇게 위를 향해 꽃을 피우는 품종을 선호해오고 있다. 사람들에게 꽃의 모습을 확연히 보여주기 위해서다. 이에 따라 신품종을 육종할 때도 위로 피는 꽃을 선호한다. 요즘 화원에 가면 자신을 거침없이 드러낸 꽃들이 대부분이다. 드러냄이다.

드러냄은 사람도 마찬가지다. 수십 년 전 미니스커트가 유행할 때도, 최근에는 배꼽을 드러내는 것에 대해서 이런저런 말이 많다. 몸을 지나치게 조이는 스키니 패션이 유행인가 하면 웃옷만 입은 듯 착각하게 만드는 하의 실종 패션이 대세를 이루고 있다. 어쩌다 반소매에 바지차림이나 무릎까지 내려오는 스커트를 입은 여성을 보면 생소함을 느낀다. 보고 또 본다. 하의실종이란 말에는 아랫도리를 입지 않았다는 느낌과 어감에 포르노적인 상상을 하게도 된다. 하의뿐 아니라 상의마저 반 이상이 실종된 패션을 보면 무심결에 흘깃흘깃 훔쳐보게도 된다. 하지만 이런 자극을 계속해서 받다보니 지금은 그런 욕구는 점점 사라지고 때로는 불쾌감마저 들기도 한다.

여성의 패션은 화려하고 대담하게 드러냄과 감춤이 교차되면서 유행을 선도하고 있다. 자신의 아름다움을 마음껏 뽐내며 속살까지 드러내는 게 아름다울 때도 있지만, 몸을 적당히 가린 옷을 입고 고개 숙이며 미소 짓는 감춤이 더 절제된 아름다움일 때도 있다.

야생화도 크게 다르지 않다. 위를 향하여 다 드러내며 꽃을 피우는 서양에서 육종된 야생화도 아름답지만, 다소곳이 고개 숙인 채 꽃잎 그 안이 보일 듯 말듯 한 토종야생화도 참 아름답다. 화려하고 대담하게 드러냄에 익숙해진 현대인들에게, 살짝 감춘 듯 고개 숙인 우리의 야생화는 또 다른 아름다움으로 다가온다.

돌아오는 주말에는 또 농협대학에 가야겠다. 살짝 고개 숙인 주황색 바탕에 자주색 점박이 참나리 꽃을 한 번 더 보러.

사각형 세상

옷을 갈아입고 집을 나섭니다. 5호선 전철을 타고 김포공항역에서 을왕리 가는 버스로 갈아탑니다. 이내 버스가 도심을 벗어납니다. 사각형 차창 너머로 하늘과 구름과 산과 바다가 펼쳐집니다. 이제야 마음이 편해지고 숨통이 트입니다.

버스는 을왕리 해변 입구에 나를 부려놓고 사라집니다. 바다는 잔잔합니다. 바다가 마음이 편한 모양입니다. 물을 빼고 들이는 것도 바다 마음입니다. 바다가 물을 빼면 육지와 이어지는 섬이 있습니다. 그 길을 걸어갑니다. 서쪽바다가 붉게 물드는 바닷길을 걸어갑니다.

돌아오는 버스에 올라 자리에 앉습니다. 버스 안 사람들은 눈을 감거나 창밖을 내다보거나 옆 사람 어깨에 머리를 묻고 있습니다. 하나 같이 표정이 없습니다. 기계처럼 표정 없는 몸짓, 심지어는 가족끼리도 부부 사이도 기계적인 관계가 되고 있습니다. 버스 안의 승객처럼 감정과 감동이 굳어있는 자신의 안과 밖을 살펴봅니다. 현대인은 자신이 발명하고 발견한 것들 속에서 기계적으로 살아가고 있는 것 같습니다.

현대인들은 사각형 틀 안에 갇혀서 살고 있는 것 같습니다. 내가 지금 타고 있는 버스도 사각형입니다. 집도, 빌딩도, 잠자는 방도, 그 방문도, 책상도, 책도, 컴퓨터도, 손전화도… 모두가 사각형입니다. 사각형 세상입니다.

그러나 사람의 마음은 사각형도 삼각형도 원형도 아닙니다. 그 이전의 한없이 자연스러움 그 자체입니다. 그런 마음이 사각형틀에 갇혀 살다보니 답답하고 숨통이 막힙니다. 가끔은 사각형에서 벗어나 땅을 밟고 하늘을 바라보면서 숨통을 틔워야 합니다. 해서, 을왕리에 갑니다.

도시를 벗어나 자연에 묻히면 사각형이 사라집니다. 끝 모를 들판과 끊길 듯 이어지는 굽은 길, 나무가 숲을 이룬 산과 계곡, 가없는 하늘에 흰 구름 띠, 바다와 땅이 경계를 이루고 있는 모래언덕에 게가 사는 집을 파도가 지나가면 또 집을 짓고 또 메우는 모래언덕…, 시작도 끝도 없는 연속일 뿐입니다. 이런 것들을 자연이라고 불러봅니다. '自然' 스스로 자 그럴 연, 스스로 그럴듯한 세상이란 뜻으로 해석해 봅니다. 사각형 세상에서 벗어나 자연에 묻혀보라는 뜻으로 해석해 봅니다.

그래서 오늘도 제 마음대로 물을 빼고 들이는 바다를 보기 위해, 그런 세상을 걷기 위해 집을 나섭니다.

생명을 품는 소리

거제도에 머무는 사흘 내내 비가 내렸다. 섬은 비에 젖고 안개는 그 섬을 휘감고 있었다. 학동 몽돌마을을 지나다가 안개에 젖은 난 한 분을 사들고 돌아왔다. 난을 탁자 위에 놓고 바라보다가 분무기로 물을 뿜어주면, 물기를 머금은 난은 안개를 피워낸다. 거제도 학동 몽돌마을을 휘감던 안개를. 떨어진 물방울이 번지면서 안개를 피워 순식간에 지척을 분간할 수 없는 안개세상을 만든다.

사흘 내내 비가 내리고 안개가 천지를 휘감고 구름이 하늘을 가린다. 거제도 하늘은 구름이 휘감고 땅과 바다는 안개에 묻혀있다. 육지도 바다도 안개천지다. 바다와 육지를 분간할 수 없는 길을 걷는다. 안개는 산천을 품는다. 산천은 그 안개로 몸을 씻고 바닷길을 걸어가는 사람도 가방도 씻어준다. 산천을 닦고 몸을 닦고 마음을 닦아준다.

바람이 분다. 미동도 하지 않던 안개를 바람이 밀어낸다. 하늘이 환해진다. 바다도 등대도 섬도 숲도 붉게 물든 홍가시 나무도 제 모습을 드러낸다. 새순이 돋는 봄이면 홍가시 나뭇잎이 붉게 물들어 붉은 숲을 이룬다. 그 아래 학동 몽돌이 바다와 육지의 경계를 이루고 있다. 둥근 검은 돌밭에서 소리가 난다. 쏴아 하는 소리, 옥구슬 구르는 소리가 난다. 밀려온 바닷물이 돌아갈 때 돌 사이로 물 빠지는 소리다.

그 소리가 내 안에 들어와 소리를 낸다. 마음의 둑 허물어지는 소리다. 아니 다시 둑 쌓는 소리다. 검은 돌을 둥글게 가는 소리다. 내 안에 각진 마음을 둥글게 가는 소리다. 생명을 품는 소리다. 바닷물은 결사코 육지를 탐하고 육지는 결사코 바닷물을 거부하는 소리다. 밀고 밀리다가 해안선을 만들고 검은 몽돌이 금을 긋는다. 그래도 밀고 밀리면 몽돌은 자신의 몸을 갈면서 금을 지켜낸다. 그래서 몽돌은 둥글다. 그래서 육지와 바다는 공생한다.

남쪽 땅 끝 바닷가에 불쑥 솟은 왕조산 허리를 감아 도는 모롱이에 들어선다. 바람이 불면서 빗방울이 떨어지고 안개가 앞을 가린다. 역시 안개천지다. 학동마을 하늘은 환한데 한 모롱이 건너에는 안개세상이다. 거제도는 낯가림이 심하다. 차 한 대가 가까스로 다닐 수 있는 울퉁불퉁한 소로입구에 '차량운행 제한 안내문'이 서 있다.

남부면 저구리 저구마을- 탑포리 쌍근마을 구간 차량통행을 제한함.

사유: 도로 포장 미완료로 구간 급경사, 굴곡, 노폭협소 등으로 사고 발생위험으로 도로 정비 시까지 운행 제한함

2005년 4월 1일.

거제시장

도로 포장률이 100%에 육박하는 나라에 6년이 지나도 굽은 길을 곧게 펴고 좁은 길을 넓히는 공사가 멈춰진 땅을 해무가 뒤덮고 있다. 고맙고 다행스런 마음이 든다. 굽은 길은 굽은 대로, 좁은 길은 좁은 대로, 그대로 두자는 생각인 듯싶어서다. 쏴아 하는 소리가 들린다. 물소리다. 육지의 끝을 알리는 소리다. 어쩌다가 이 봄에 예까지 왔는지 나도 모르겠다. 오다보니 끝이다. 더 나갈 길이 없다. 되돌아서면 육지의 시작이다. 다시 돌아

선다. 그러나 바다의 시작이다. 바다와 육지의 경계에서 내 인생을 되돌아본다. 시작이 끝이요, 끝이 시작이라는 몽돌의 분명한 가르침을 되새기면서.

거실 탁자에 있는 난이 안개를 피울 때면 해무 가득한 그 길을 따라 가방을 들고 또 길을 나서리라.

냄새와 향기 사이

차를 마신다. 오늘처럼 마음이 혼란스럽고 불편할 때면 캐모마일 차를 마신다. 따뜻한 차를 마시며 음악을 들으면 마음이 편안해지는 것 같다. 감기 기운이 있거나 피로를 느낄 때도 국화를 닮은 캐모마일 차를 마신다.

베란다에는 캐모마일과 로즈마리 화분이 있다. 향긋한 냄새가 난다. 상쾌하다. 봄날 창문을 열어놓으면 바람이 허브를 흔들어 냄새를 풍긴다. 그 냄새는 거실 가득 퍼지고 마음에도 번진다. 가끔 창문을 열고 환기를 한다. 시원한 공기가 들어온다. 들어오는 공기에서는 향긋한 냄새가 난다. 허브향이다. 이 녀석들을 기르면서 냄새를 맡는 버릇이 생겼다. 그 냄새는 향기로 다가왔다. 이는 꽃과 향수 이외의 사물에서 향기를 느낄 수 있었던 최초의 일이었다. 그 후부터는 작은 화분에 심은 허브를 가까이 두고 향을 즐기며 차를 달인다. 냄새는 향기가 되었다.

고대 이집트에서는 이미 향수를 사용하고 있었다. 봄이 오면 박하, 붓꽃, 장미의 달콤한 향기에 취하고 약간 씁쓸한 금잔화의 향기에도 취했다. 계절에 관계없이 소나무나 측백나무, 노간주나무에서 뿜어 나오는 청량한 향기는 사람들의 코를 사로잡았다. 이런 식물에서 추출한 냄새, 향수는 거의 치료목적으로 쓰였지만, 이성을 유혹하거나 종교적인 효과를 위해서도 사용되었다.

현대인들은 향수를 일상적으로 사용한다. 특히 무더운 여름이면 몸 냄새를 없애는 방편으로 더욱 애용하고 있다. 뜨거운 여름날 만원버스를 타는 것은 고역 중에 큰 고역이다. 어쩌다가 옆에 있는 여성에게서 향수냄새가 나면 머리가 환해지며 기분 또한 상쾌해진다. 하지만 향수는 시간이 가면 향이 없어지기 마련이다. 그렇다고 향수를 마냥 뿌려댈 수도 없는 일이다. 그렇다 해도 몸에 밴 체취에 뿌려대면 오히려 역겨운 냄새가 난다. 악취다.

성장하고 고급 향수를 사용한 사람에서는 '향내'가 난다. 향수 냄새다. 그러나 허름한 차림으로 열심히 일하는 사람에게서는

'땀냄새'가 난다. 향내와 땀냄새, 그게 사람냄새다. 하지만 그 땀냄새도 맡는 사람에 따라서는 역겨운 냄새가 아닌 향내일 수도 있다. 헤아림의 냄새다. 그게 곧 냄새와 향기의 차이, 아니 냄새와 향기의 사이다.

나, 살아오면서 냄새는 냄새로 향내는 향내로만 맡아왔던 것 같다. 살아가면서는 냄새도 향내로 느낄 수 있는 그런 지혜와 맑은 마음이기를 소망하면서 캐모마일 차를 마신다. 차향이 더욱 그윽하다.

나에게도 '향기'가 있기는 있는 것일까. 아니면 '냄새'만 나는 것일까?

이름표

다육식물 한 분을 샀다. '아메치스'라는 이름표가 붙어있다. 잎이 작고 둥글면서 분홍빛을 띠고 별모양의 하얀 꽃을 피우는 녀석의 고향은 멕시코라고 한다. 낯선 이름이다. "아메치스, 아메치스"라고 몇 번을 불러 봐도 잘 외워지지 않는다. 이런 꽃들은 대부분 식물의 학명 중 속명을 그대로 쓰고 있기 때문에 너무나 낯설게 느껴진다. 그래서 이름과 꽃이 따로 기억되고 있다. 이런 꽃들이 식물원이나 길가에도 다투어 피고 있지만 아쉽게도 '이름 모를 꽃'이라고 부른다.

산세비에리아를 중국에서는 '호미란(虎尾蘭)'이라고 부른다. 범꼬리란 뜻이다. 기다란 잎에 가로로 줄무늬가 있어 이렇게 부른다고 한다. 식물의 특성을 단번에 알게 해주는 친근한 이름 같다. 해바라기나 접시꽃처럼 외래종이지만 우리네 정서가 담긴 친근한 이름을 가진 것들도 있다. 하지만 대개의 꽃들은 이름만으로 그 식물의 생김새가 잘 떠오르지 않는다. 이럴 때는 이름표를 보고 꽃을 본다.

그런가 하면 유치원 때 가슴에 달기 시작한 이름표를 고등학교 때까지 달고 다닌다. 성년이 되면 주민등록번호가, 군에 입대하면 군번이, 외국에 가면 여권번호가 이름표 역할을 한다. 가까운 사람끼리는 이름표와 얼굴이 바로 연상되지만 대개는 이름과 사람이 따로따로 기억되기 마련이다. 해서 불심검문을 할 때는 신분증 사진과 얼굴을 대조하거나 주민번호를 조회해서 신원을 확인한다. 이는 얼마 전에 꽃집에서 구입한 '아메치스'를 이름 따로 꽃 따로 기억하는 것과 마찬가지다. 낯선 이름표다.

자동차도, 기차도, 비행기도 고유번호가 있다. 얼마 전 전철에서 가방을 놓고 내린 적이 있었다. 역무원은 내가 타고 있던 전동차 번호를 확인하고 이 번호를 추적해서 분실물을 쉽게 찾을 수 있게 해주었다. 내가 탔던 그 찻간의 이름표 덕을 톡톡히 본 셈이다. 이렇듯 우리는 각자 이름표를 달고 살아간다. 이름표를 찾으며, 더러는 그 이름표를 그리며 살아간다.

우리들 기억 속에는 수많은 이름이 저장되어 있다. 칠흑 같은 어둠 속에서도 목소리만 들어도, 손만 잡아 봐도, 냄새만 맡아 봐도 금세 알 수 있는 사람이 존재한다. 외래종 식물이름처럼 이름과 얼굴이 따로따로 저장되어 있기도 하지만 대개는 같이 저장되어 있다. 때로는 그리운 이름표를 기억해내면서 그 사람을 추억하며 안타까워한다. 가끔 그리운 이름표를 들추면서 울컥해지며 목이 멜 때도 있다. 다시는 만날 수 없지만, 만날 수 있다 해도 연락할 수 없는 그가 그립다. 그럴 때면 내 안의 깊은 곳에 숨어 있는, 단 하나뿐인 그리운 그 이름표를 찾아 길을 떠난다.

'아메치스' 화분에 물을 주며 들여다본다. 이제는 이름표 없이도 알아볼 수 있겠다. 멕시코가 고향인 나그네 꽃, 그 꽃이 기억 속에 그리움으로 저장되어 있으니까.

고봉밥

정오가 가까워 온다. 절 식당 앞에는 십여 분 전부터 사람들이 서 있다. 대웅전 법회에 참석한 스님과 신도들이 대부분이지만, 등산객이나 절 구경 온 사람들도 여럿이다. 이 절은 정오가 되면 점심을 준다. 그야말로 절 인심이 후하다는 옛말이 맞다. 내 차례가 되었다. 대접에 흰쌀밥을 한 주걱 담고 그 위에 콩나물, 산채나물, 시금치나물을 몇 젓가락씩 넣고 고추장 한 스푼도 넣는다. 밥이 적을 듯싶어 더 넣을까하다가 그 대신 인절미를 담는다. 고마운 마음이 음식에 담긴다.

나물과 밥이 골고루 섞이도록 비빈다. 비비다보니 생각보다 많은 것 같다. 더 담지 않기를 참 잘했다. 사발에 담으면 고봉

밥 한 그릇이 되고도 남을 듯싶다. 크게 한 숟가락 입에 넣고 꼭꼭 씹는다. 입 안 가득 퍼지는 나물냄새와 매콤한 고추 향에 침이 고인다. 음식은 이렇게 따뜻할 때 먹어야 제 맛이 난다.

어머니는 퇴근하는 자식 발소리를 들으며 밥솥에 불을 붙이고 된장 뚝배기를 화로에 올려놓곤 했다. 봄이 오면 소리쟁이나 머위순 겉절이 같은 봄나물을, 쓴맛과 단맛, 향기로운 봄맛을 상에 올려놓았다. 장아찌를 담가 밥상에 사계를 담아놓았다. 어머니는 사랑과 정성으로 더 따뜻해진 손으로 조물조물해서 무치고 데치고 끓이고 구운 음식을, 불 맛이 가득 배어있는 상을 차렸다. 밥도 주걱으로 꾹꾹 눌러 펐다. 고봉밥이다. 밥을 한참 먹다보면 반찬그릇들이 내 앞으로만 몰려있음을 알게 되는 밥상이었다.

가끔 이 절을 찾아와 신선한 비빔밥을 먹는다. 절에서 먹는 비빔밥 한 그릇이 마음의 거리를 좁혀 주듯 그 집이나 그 지역을, 다른 나라를 여행하면서 현지음식을 먹어봄은 역시 그곳과의 가까워짐이다. 서로를 이해함이고 앎이다. 나아가 문화의 교류다. 특히 해외에서의 현지음식은 그 나라의 문화를 이해하는 척도가 된다. 굽은 길을 돌고 가파른 언덕을 올라 찾아간 식당. 커다란 감자 속을 파내고 스프를 담아 내온 슬로바키아 식당의 짭짜름한 스프 맛을 지금도 잊지 못하고 있다.

소년 시절 군부대에서 심부름을 할 때 일이다. 아침 점심을 부대에서 해결 했다. 이상한 일이었다. 어린애가 군인들과 같은 양의 밥, 고봉밥을 먹는데도 숟가락을 놓기 전에 헛헛했다. 궁리 끝에 주방아주머니께 "국이 짜서 그러는데 밥 좀 더 주세요." 라고 했다. 그는 "네가 많이 주렸구나!"라면서 꾹꾹 눌러서 한 그릇을 더 퍼주었다. 고봉밥을 먹고 또 먹어도 몸도 마음도 헛헛했다. 졸작 「내 인생의 멘토」에 나오는 한 대목이다.

주림, 허기짐은 굉장히 참기 힘든 일이다. 사람들은 허기짐에서 벗어나기 위해 그리도 정신없이 동분서주하는지도 모른다. 이는 살아있음의 증거요 내일로 향하는 희망이다. 비어 있는 허기의 공간을 채우다 보면 마음의 허기짐, 영혼의 공백을 느끼게 된다. 이는 돈이나 권력으로 해결되는 것이 아니다. 살아가면서 자신을 부단히 담달하고 절제하다 보면 마음의 허기짐을 채우게 되지 않겠는가. 이 채움은 마음의 고봉밥, 아니 인생의 고봉밥이지 싶다.

끼니때 입맛이 없으면 대접에 나물을 넣고 고추장 한 숟가락 푹 퍼서 쓱쓱 비빈다. 비빔밥 한 숟가락을 입 안 가득 넣고 꼭꼭 씹는다. 입 안에 퍼지는 고추 향에 침이 고이면서 이런 저런 일들이 마음 안에도 고인다. 비빔밥을, 음식을 먹음은 나를 돌아보는 일이다. 해서, 오늘 점심도 대접에 나물 넣고 고추장 한 숟가락 푹 퍼서 쓱쓱 비빈다. 이런저런 일들도 다 쓸어 넣고 비빈다. 인생을 비빈다. 인생비빔밥을 입 안 가득 넣으면서 나를 되돌아본다.

지갑에 꿈을 담고

토요일 오후다. 길을 가다가 앞을 보고 좌우를 보고 뒤를 돌아본다. 이렇게 두리번거리다 재빠르게 복권방 문을 밀고 들어선다. 여기저기서 후줄근한 차림을 한 사람들이 볼펜으로 숫자를 칠하고 있다. 정성을 다해서 칠한 종이를 들고 카운터로 가서 복권과 바꾼다. 나는 얼른 "자동 한 장요" 하면서 5천원 권을 디밀었다. 복권을 지갑에 넣으면서 연금복권은 없냐고 물었더니 가게주인은, 물정 모르는 사람도 있다는 듯이 "나오자마자 동이 나요" 살려면 인터넷으로 주문하라고 한다.

새로 나온 연금복권의 인기가 폭발적이란다. 복권방에서는 사기도 힘들다는 말이 헛소문이 아니다. 이 복권에 당첨만 되면 매달 500만 원씩 20년 동안 연금을 받을 수 있다. "만약에 내가 당첨 된다면" 아내와 아이들을 행복하게 해 주겠다는 사람, 회사를 그만두고 하고 싶은 일하면서 편하게 살겠다는 사람, 부모님께 효도 하겠다는 사람, 돈 걱정 하지 않고 행복하게 살면서 노년을 위해 적금도 붓겠다는 사람… 이들은 황홀한 꿈을 꾸면서 버겁고 각박한 현실에서 잠시 벗어나곤 한다. 하지만 대부분의 사람들은 "내 팔자에 그런 행운이… 가당치나 한가." 환상에서 깨어나 씁쓸한 현실로 되돌아온다.

특히 4, 50대 가장들이 연금복권에 열광한다고 한다. 2, 30대는 일확천금을 안겨주는 로또복권에 더 관심을 갖고 6, 70대는 앞으로 20년은 먼 미래로 보이기 때문인지 2, 30대처럼 로또복권을 선호한다고 한다. 그러나 앞으로 20년을 보장해 주는 연금복권에 목숨을 거는 4, 50대는 인생역전과 인생대박의 꿈을 지갑에 담고 취한 걸음을 걷는다. 일주일에도 2, 30만 명이 지갑에 꿈을 담고 휘청거린다.

40여 년 전에도 주말이면 "준비하시고~ 쏘세요."로 시작하는 주택복권을 추첨하는 TV 앞을 떠나지 못했다. 100원을 투자해서 300만 원을, 대박을 꿈꾸는 사람들은 두근거리는 가슴 안고 TV 앞을 지켰다. 당시 잠실 주공아파트 13평형이 2, 3백만 원하던 때였으니 당첨만 되면 아파트 한 채가 거저 굴러오는 것이다. 아찔한 순간이 아닌가. 그때나 이때나 서민들의 팍팍한 삶은 달라진 게 없는 것 같다.

인터넷을 켜고 검색창에서 로또복권을 클릭 한다. 금주의 당첨번호가 뜬다. 벌렁대는 가슴을 진정시키면서 당첨숫자와 내 손 안에 있는 복권 숫자를 하나하나 꼼꼼하게 대조한다. 눈을 씻고 보고 또 본다. 당첨번호 6숫자 중 3숫자만 맞아도 본전은 찾는데…. 그러나 또 꽝이다.

복권이 없어서 못 판다는 이 땅의 아픈 현실을 돌아다본다. 매달 5백만 원씩 20년을 지급받는 연금복권 당첨을, 단번에 몇 십억 몇 백억을 지급받는 로또복권의 당첨을 상상하면서 현실을 망각하는 사람이 많아질수록 그 사회의 생산성은 떨어지고 정신건강은 나약해진다.

그렇지만 일한 만큼 얻을 수 없는 사회, 뿌린 대로 거둘 수 없는 세상에서 그들에게는 복권이 구원일는지 모른다. 가진 것 없고 믿을 곳 없는 서민들의 탈출구인지도 모른다. 그래서 복권은 날개 돋친 듯 팔린다지만, 그 덕분에 정부, 지방자치단체와 관련회사가 손쉽게 큰돈을 번다지만, 그 돈으로 공익사업을 한다지만, 해서 이 나라를 복권공화국이라고 부른다고 한다.

하지만 복권이 많이 팔리는 세상보다 콩 심은 데 콩 나고 팥 심은 데 팥 나는 그런 세상을 살면서 가끔씩 어깨 펴고 복권방을 드나들고 싶다.

3.

그대를 위한 건배

봄 날

비가 내린다. 어제도 내리고 오늘도 내린다. 빗길을 걷는다. 하늘공원을 지나 한강으로 이어지는 길이다. 바짓단이 축축이 젖어온다. 얼마를 걷다가 찻집문을 열고 들어간다. 자주 들르는 집이다. 아메리카노 한 잔을 들고 창문 앞자리에 앉는다. 음악이 흐른다. '봄비'다. 오래전에 유행했던 노래다. 신중현이 작사 작곡한 것을 소울의 아버지로 불리는 박인수가 부른 노래다. 그는 6 ·25 전쟁고아가 되어 미국으로 입양되었으나 다시 돌아왔다. 그리고 두 번의 결혼 실패의 아픔을 겪으면서 부른 노래다. 아날로그적인 정서가 가득 담긴 슬픈 노래다.

1970년대 길가 전파사에서는 스피커를 밖에다 매달고 노래를 틀었다. 채 겨울이 가기 전인데도 비오는 날이면 끊어질듯 이어지고 이어질듯 끊어지는 박인수의 '봄비'를 틀었다. '봄비 나를 울려주는 봄비/ 언제까지나/ 마음마저 울려주는/ 봄비'가 스피커에서 흘러나오면 하늘을 쳐다보곤 상념에 젖은 채 발걸음을 옮겼다. 그 노래를 끝으로 가뭇없이 사라진 그를 이 찻집에서 만난다. 창밖은 비에 젖고 찻집은 '봄비'에 젖는다. 봄은 기다림이다. 사람들은 언덕 너머에 와있을 봄을 기다리며 봄비에 젖는다.

봄비가 갠 하늘은 맑고 포근하다. 4호선 한성대역 6번 출구를 나선다. 바람 끝이 어제보다 더 부드럽다. 한기가 숙은 바람을 안고 걷는다. 길상사 가는 버스가 서 있다. 탈까말까 하다가 그냥 걷기로 한다. 길가 구멍가게엔 눈바람을 막았던 비닐막이 자동차가 지날 때마다 펄럭이고 그 옆에는 파란색 플라스틱 의자와 빈 화분이 쌓여있다. 아직도 나는 내복을 벗지 못하고 봄비 내린 길을 걷는다.

이른 아침의 길상사는 적막하다. 댓돌 위에 흰 고무신이 몇 켤레 놓여있고 법당문은 닫혀있다. 부드러운 바람을 머금은 풍경이 매달려있는 처마 밑을 지나 뒤쪽 담을 끼고 돌자 돌담에 노란 꽃이 듬성듬성 피어있다. 죽은 듯한 가지에 피어있는 꽃. 영춘화다. 노란 꽃이 돌담에 환하게 피어있다. 꽃피는 봄이 왔구나. 아니지. 꽃이 피기 때문에 봄이 온 것이 아니라, 봄이 왔기 때문에 꽃이 피는 것이지. 영춘화 가지는 담벼락에 매달려 겨우내 봄을 품으면서 봄이 오는 길목을 지키고 있었나보다. 사람들은 '그리움'을 품고 영춘화는 '봄'을 품고 산다.

돌아와 베란다로 달려갔다. 지난해 봄날, 길가에 트럭을 세워놓고 꽃을 파는 아주머니한테서 수선화 한 분을 샀었다. 화분을 건네주며 꽃을 보고나서 화분에 흙을 덮어놓으면 내년 봄에 꽃대가 올라온다고 했다. 그의 말대로 흙을 수북이 덮어서 베란다 구석에 놓았다. 그리고 까맣게 잊고 지냈다. 오늘 길상사 돌담에서 영춘화를 보며 그 화분이 생각났다.

돌아오자마자 베란다 문을 열었다. 녀석이 살아 있을까. 죽어 있을까. 그래 죽었을 거야…. 화분을 들여다보았다. 화분에 묻혀 있는 뿌리에서 수선화 꽃대가 흙을 밀어내며 올라오고 있었다. 가슴이 쿵쾅거려왔다. 무심히 흙으로 덮어놓은 씨앗에서 생명이 올라오고 있다니. 기적이었다. 그런데 사람들은 자신의 가슴 안에 제대로 된 뿌리 하나 심어 놓지 않고 꽃피기만을 기다리며 살고 있다. 씨앗도 없이 기적을 꿈꾼다. 허망한 꿈이다. 헛되고 헛된 기다림이다.

봄비 내리는 날, 봄날을 걸으며 봄꿈을 꾼다. 살아온 길을 뒤돌아본다. 맑은 날보다 흐린 날, 외롭고 슬픈 날이 더 많았다. 하지만 살아있는 자에게 오늘이 봄날 같은 날이라면 살아가는 한평생이 봄날이지 싶다. 살아있음이 곧 봄날이다. 하면 헛된 봄꿈만을 꾸어온 나는, 나에게 한 번쯤 허락할 어느 봄날을 위해 뒤늦었지만 오늘은 제대로 된 뿌리 하나라도 심어야지 않겠는가. 우리 집 수선화를 닮은, 그리움으로 북을 준 뿌리 하나를.

어떻게 살아야 할까

우리 집 옆 골목입구에 CCTV가 며칠 전에 설치되었다. 카메라가 설치된 후부터는 불법 쓰레기가 줄어들었다며 주민들이 좋아한다. 이곳뿐만 아니라 지하철, 주차장, 엘리베이터, 공공건물, 은행창구 심지어는 대중목욕탕에도 설치되어 있다. 정확한 수를 알 수는 없지만 정부와 지방자치단체에서 설치한 것만 해도 3백만 대가 넘는다고 한다.

카메라 덕분에 해결된 사건도 많고 예방차원에서도 늘어날수록 안전하다고 믿는 사람이 많은 편이다. 뿐인가, 사람들은 스마트폰으로 무장하고, 차량은 블랙박스가 설치되고 궤도를 따라 돌며 지구를 찍어대는 인공위성도 있다. 이 세상 전체가 거대한 카메라 감시망이라 해도 지나치지 않을 것 같다. 통제된 사회에서 프라이버시가 종언을 고한 듯싶은 세상에서 살고 있다. 발가벗겨진 이 세상을 어떻게 살아야 할까.

영국의 철학자 제러미 벤담(1748~1832)이 쓴 '파놉티콘'은 지금의 CCTV와 비슷하다는 생각이 든다. 그 책의 내용은 일종의 감옥 같은 건축양식으로 군대의 병영, 학교, 병원, 공장건물의 감시탑에서 각 시설을 단번에 파악하고 감시할 수 있는 상태로 설계되었다고 한다. 오늘날의 CCTV와 별로 다를 게 없을 것 같다. 이 세상은 거대한 디지털 감시체계가 형성되었다. 전자주민카드, 버스에도 CCTV 장착 등은 '전자정보기술의 잘못된 활용에서 나온 문제가 아니라 설계부터 모종의 통제의도가 있는 발명품이다. 그리고 엄격하고 세밀한 노동통제와 감시체계'라고 지적하기도 한다. 개인의 프라이버시, 초상권, 인권 등을 아무리 외쳐도 해일처럼 밀려오는 디지털의 물결 앞에서는 속수무책인 것 같다. 이런 세상을 어떻게 살아야 할까.

사상 최악의 규모 9.0의 강진과 10미터의 해일이 밀려와 '일본 열도는 공포… 혼돈… 비탄에 빠져있다'고 한다. 피해상태는 파악조차 불가능하며 휴대전화 연결도 원활하지 못하고 유선전화도 불통인 상태라고 한다. 이 때문에 많은 사람들이 전화통화

보다 트위터나 페이스북 등을 통해 가족이나 친지의 생사와 안부를 확인하고 있다는 소식이다. 지구촌에서도 트위터를 통해 "힘내요… 대단해요…… 도울게요…"라는 위로와 격려의 문자가 꼬리를 문다고 한다. 또 모금도 한다고 한다. 소셜네트워크서비스(SNS)는 지구 전체의 신경망으로 연결되어 정보와 동영상을 자유자재로 공유하면서 위력을 유감없이 발휘하고 있다.

많은 나라의 1급 비밀과 첩보사항을 공개한 위키리크스도 부정적인 측면이 있지만 정보독점 등으로 20여 년 동안 국민을 기만한 튀니지 부정부패정권을 붕괴시키는 놀라운 힘을 보여주기도 했다. 이러한 디지털의 물결이라면 해일처럼 밀려온들 어떠랴싶다. 하지만, 이 세상이 거대한 카메라 감시망이 되어 사람은 무한 노출되고 있다는 생각을 지울 수가 없다. 대낮에 발가벗겨져 서 있는 상태, 무한노출의 시대를 어떻게 살아야 할까.

어떤 사람은 나쁜 일을 하지 않아야 한다고 한다. 어쨌든 새로운 가치관을 정립할 때가 온 것만은 틀림없다. 우리는 예로부터 '하늘이 알고 땅이 안다'는 말을 자주 써왔다. 그 말은 자신의 결백함과 투명함을 증명할 때 쓰는 말이다. 또 숨길 것도 감출 것도 없다는 뜻이기도 하다. 그렇다. 우리 모두가 이 세상에서 숨길 것도 감출 것도 없을 때 우리를 감시하는 모든 카메라는 무용지물이 되고 말 것이 아닌가.

숨길 것도 감출 것도 없는 투명한 세상, 생명의 근본은 숨길 것도 감출 것도 없는 온전함 그 자체가 아니던가.

흙으로 돌아가는 길

오래전 이야기다. 정년을 앞두고 같은 처지에 있는 동료끼리 만나면 '퇴임 후에 무엇을 할 것인가'가 화제가 되었다. 재취업을 하겠다는 사람, 여행이나 하며 지내겠다는 사람, 고향에 가서 살겠다는 사람, 시골에 전원주택을 마련하겠다는 사람…, 저마다 계획을 이야기 했었다. 나도 '서울 가까운 시골에 터전을 마련해놓고 오가며 살겠다.'고 작정했었지만, 아직도 서울을 떠나지 못하고 있다.

교보문고에 가는 길이다. 전철을 타고 안국역에서 내렸다. 인사동을 기웃거리다가 자주 들르는 이문동 설렁탕집에서 점심을 먹고 교보문고에 갔다. 마경덕 시인의 시집을 사들고 서울시립미

술관에서 그림을 보고 덕수궁 안에 있는 찻집에 한참 앉았다가 경복궁역에서 또 전철을 탔다. 집을 나와서 되돌아가기까지 한 번도 흙을 밟아보지 못했다. 큰길, 골목길, 아파트, 빌딩, 공원에 이르기까지 시멘트나 보도블록이나 아스팔트로 포장되어 있었다. 흙으로부터 철저하게 차단된 도시였다. 도시생활은 흙을 밟지 못하고 살아가는 콘크리트 빌딩 숲 속의 다람쥐 같은 삶이다.

아무리 둘러봐도 아파트뿐인 도시, 아니 콘크리트 공화국에서 사는 현대인들. 아파트는 시골과 도시를 가릴 것 없이 한국의 풍경이 되었다. 아파트는 삶의 터전이기보다는 아침에 헤어지고 밤에 만나 잠을 자는 숙소와 같다. 구조 자체가 열린 공간이 아니라 닫힘을 지향하는 공간이다. 내부 구조는 밖이 아니라 안으로 집중하려는 가족 이기주의가 반영된 것 같다. 해서 평형 중심으로, 동네 중심으로, 학군 중심으로 형성되어있는 것을 보아도 그렇다는 생각을 지울 수 없다.

아파트는 한국적 삶의 상징이다. 한국의 아파트 풍경을 처음 보는 외국인은 압구정동의 아파트단지를 보고 "여기가 한국의 슬럼가냐?"라고 물었다는 말도 있다. 그런가 하면 외국의 도시계획가가 강남의 지도를 보고 "한강변의 군사기지 규모는 대단하군요"라고 말했다는 글을 어디서 읽은 기억이 난다. 우리의 타성과 관성을 두드리는 말이다.

집은 삶의 터전이다. 가족이라는 공동체가 기거하는 곳이다. 인간과 인생이 사랑을 싹 틔우는 곳이다. 집은 그 나라 전통의 뿌리가 되는 곳이다. 예전에 우리가 살던 집에서는 가족과 함께 많은 일을 하면서 지냈고 이웃과 소통할 수 있는 공간도 많았다. 그곳이 바로 마루였고 마당이었다. 가족이 마루에서 사랑을 나누고 이웃이 마당에서 모여 담소하며 지내는 공동의 장이었다. 그 마루는 흙 위에 지어졌고 이웃이 모여 담소하는 마당은 흙이었다. 현대는 마루도 마당도 사라진 세상에서 사람과 사람의 진정한 교류의 터전을 상실한 채 살고 있다.

어린 시절, 어른들은 "사람은 흙을 밟고 살아야한다"고 말씀하셨다. 나이가 더해갈수록 그 말씀이 사무쳐온다. 옛 어른들의 말씀을 따르자면 우리 주변은 벗겨내야 할 인공적인 것이 너무나 많다. 우리가 바라는 것 중에 진정한 복원은 옛 어른들의 말씀처럼 '흙으로 돌아가는 것'이라고 풀이한다면 흙으로 돌아가는 길은 아무리 생각해 봐도 세월이 흐를수록 어려워질 것만 같다.

오늘도 길을 걷는다. 흙을 향하여 길을 걷는다.

교동 나들길

교동 나들길을 걷는다. 하늘과 땅과 사람이 어우러지는 푸른 길은 걷는다. 흙길을 걷고 끊어진 듯 굽어 도는 모롱이 길을 걷는다. 실개천을 가로지르는 돌계단을 지나 가파른 고갯길을 넘는다. 걸으며 생각하고 생각하며 걷다보면 화계산 꼭대기에 다다른다. 황해도 연백 땅이 한손에 잡힐 듯 눈앞에 있고 교동읍성도 눈앞이다. 이처럼 외진 곳에 성을 쌓아 나라를 지킨 신라 경덕왕을 생각해 본다. 연산군이 최후를 맞이한 곳. 그를 추모하는 사당도 보인다. 외진 섬은 최적의 유배지이기도 했겠다. 굽으면 굽은 대로, 가파르면 가파른 대로, 편편하면 편편한 대로 내버려둔 본래의 길을 걷는다. 인생길 같은 길을 걷는다.

안동에는 퇴계 이황 선생이 오가던 '녀던길'이 있다. 단천교와 가송리 사이의 3킬로미터 되는 강변길이다. 퇴계는 그 길을 수도 없이 오가면서 자신의 사유와 사상을 부화시켰다. 또 두향을 그리워했다. 운명하면서도 "저 매화에 물을 주라"고 할 만큼 매화를 사랑했다. 매화 사랑에는 관기 두향과의 애절한 사연이 숨어있다. 단양군수 시절 두향은 시문과 거문고에 능하고 매화를 기르는 솜씨도 빼어났다. 그런 두향을 사랑했다. 그러나 퇴계가 풍기군수로 발령을 받으면서 두 사람의 사랑은 1년도 채 못 되어 끝이 나고 말았다.

퇴계는 두향을 생각하며 100수가 넘는 매화 시를 짓고 두향은 기생생활을 청산하고 평생 퇴계를 그리워하며 살았다. 퇴계가 69세로 세상을 떠날 때까지 두 사람은 21년 동안 단 한 번도 만나지 않았다. 두향은 퇴계가 세상을 떠났다는 부고를 듣고 나흘 동안 걸어가 문상을 하고 돌아와서 자결했다. 순애(殉愛)였다. 진정한 사랑은 두 사람 사이의 거리도 사랑하는가 보다. 서로의 거리를 사랑하고 그 거리를 인정하며 걸었던 '녀던길'을 지금 걷는다. 과거와 현재, 조상과 후손들의 시간과 정신이 교류하는 길을 걷는다.

퇴계뿐 아니라 인류사에 족적을 남긴 사람들은 자신의 산책길을 만들어 사유의 둘레길로 삼았다. 생각이 막힐 때 길을 걷노라면 골몰할 때 미처 떠올리지 못한 영감이 되살아났다. 걸어온 길도 되살아나고, 걸어갈 길도 되살아났다. 그래서 산책길을 걷고 또 걸었다.

그러니, 우리가 세상에 태어나 살아가는 과정이야말로 길을 만드는 여정과도 같다. 지나온 길을 되돌아보고 가야할 길을 걷는다. 혼자 길을 가지만 그 길이 너와 나의 길이 되고 우리들의 길이 된다. 길을 걷다보면 내가 길라잡이가 되기도 하고 길라잡이를 좇아 걷기도 한다. 이렇게 만들어진 길이 세상을 만난다.

앞으로 걸어가기 위해서 지나온 길을 되돌아본다. 무엇을 위해 어떻게 걸어왔는가. 내가 걷는 길이 사람들이 걸어갈 길의 바탕이 되고 있는가. 내가 걸어온 길을 남도 걷고 싶게 만드는 일은 진정 인생의 가치를 추구하는 일이다. 그 길을 걷고 또 걷는다. 나를 단련하며 걸음을 멈추지 않는다. 인생은 누구나 길을 걸어 스스로 길이 되는 과정이기도 하다.

교동 나들길을 걷는다. 화계산 꼭대기에 다다른다. 가슴이 확 트인다.

거짓말

라디오에서 음악이 흐른다. 김추자의 노래다. 쉰 듯싶은 목소리가 방안 가득 흐른다. 1970년대를 풍미했던 김추자의 '거짓말이야'이다.

거짓말이야 거짓말이야 거짓말이야
거짓말이야 거짓말이야

사랑도 거짓말 웃음도 거짓말

거짓말이야 거짓말이야 거짓말이야
거짓말이야 거짓말이야 … 중략 …

사랑도, 웃음도 거짓말이란다. 모두가 거짓말이란다. 노래 한 곡에 거짓말이란 말이 무려 18번이나 되풀이된다. 노랫말이 길지도 않은데 긴 여운을 남긴다. 누가 그렇게 거짓말을 밥 먹듯 하는지 모르겠다.

어느 통계에 의하면 어른은 하루에 거짓말을 2백여 번을 한다고 한다. 사람들이 밥 먹듯 하는 거짓말에는 자기 보호적인 거짓말, 교훈적이고 긍정적인 거짓말, 때로는 심각한 사정을 반전시키고 활기를 불어넣어주는 '윤활유' 같은 거짓말이 있다. 그런가 하면 거짓말 탐지기로도 탐지할 수 없는 상습적인 거짓말, 저 혼자만이 살아남기 위해 뱉어내는 '독약' 같은 거짓말도 있다.

어렸을 적 일이다. 어머니 심부름으로 구멍가게에서 두부 한 모와 콩나물을 사들고 오다가 거스름돈으로 눈깔사탕을 사먹고 말았다. 늘 침을 흘리면서 눈독을 들였던 눈깔사탕을. 어머니는 거스름돈을 내놓으라고 하셨다. 얼떨결에 가게에서 안 가져 왔다고 대답했다. 그때 어머니와 눈이 마주쳤다. 나도 모르게 눈길을 피했다. 한참 바라보다가 회초리로 종아리를 사정없이 후려쳤다. 그리고 대성통곡을 했다. 천둥소리 같은 울부짖음이었다.

이렇게 아이들은 체벌이 두려워서, 관심을 끌기 위해서, 사랑

받고 인정받기 위해서 거짓말을 한다. 부모나 어른들은 자식이나 아이들의 거짓말을 다 알면서도 모르는 척 넘어가기도 하지만 결정적인 때에는 엄벌한다. 거짓말에 대한 옳고 그름을 깨우치려 했던 어머니의 처벌은 어린 나에게 무서운 기억이었다.

때로는 어른들도 거짓말을 한다. 아이가 주사를 보고 울음을 터트리면 하나도 아프지 않다며 주사바늘을 찌른다. 두려움을 주지 않기 위해서다. 우리 집 장손 태석이가 네댓 살 때 일이다. 어린이공원 가는 길이 너무 막혔다. 녀석은 짜증을 내면서 얼마나 더 가면 되냐고 물었다. 30여 분은 더 가야 도착하는데도 이제 다 왔다고 대답했다. 지루함을 덜어주기 위해서다. 거짓말이었다.

사랑하는 사람끼리도 거짓말을 한다. 밀회를 즐기면서도 부모님이 엄해서 일찍 들어가야 한다면서 남자 마음을 졸이게 한다. 화장을 하고도 맨얼굴이라고 우겨댄다. 슬며시 손을 잡으면 이런 것 처음이라면서 손을 빼는 척한다. 거짓말이다. 이런 거짓말(?)에 남자는 더 깊이 빨려 들어간다. 그런가 하면 남자는 결혼만 해주면 영원히 사랑하겠다고 한다. 힘든 일은 자신이 다 하겠다고, 당신은 가만히 있으면 된다고 철석같이 약속한다. 거짓말이다. 살다보면 형광등 갈아 끼우고 못 하나 박는 것도 아내 몫이 된다. 그 여자가 이때까지 해온 거짓말은 그 남자를 위한 거짓말이다. 그 남자의 거짓말은 가정을 지키기 위한 허풍스런 거짓말이다. 두 사람의 거짓말은 가족을 이루며 앞으로 걸어가는 힘이 된다.

아내에게 당신 더 예쁘고 날씬해졌네! 내가 집안 일 다 할게 당신은 쉬라고 한다. 아내 기 살려주는 남편의 거짓말이다. 남편에게 당신 돈 많다고 행복한 거 아니잖아요. 모델 따로 없네, 갈수록 멋있어진다고 한다. 남편 기분 상종가 치게 하는 아내의 거짓말이다. 거짓말은 때로는 심각한 상황을 반전시키기도 하고 맥 빠진 상대에게 활기를 넣기도 한다. 이와 같은 아내의 거짓말, 남편의 거짓말은 저 혼자가 아닌, 둘이 다함께 살아남기 위한 '윤활유' 같은 거짓말이다.

6·25 당시 국영방송에서는 용감한 국방군이 북한 공산군을 물리치고 있으니 국민여러분은 안심하라고 했다. 자기들은 남쪽으로 후퇴하면서 한강다리를 폭파했던 권력자들의 새빨간 거짓말, 내일 은행 문이 닫힐 것을 미리 알고 자신의 예금은 인출하면서 예금자를 보호한다고 떠들어대는 파렴치한 거짓말. 청문회장에서 자신은 투기로 재산을 불리지도 법을 어겨가면서 살지도 않았다고 증언한다. 그러나 속을 들여다보면 위장전입해서 부를

이루고 군대도 기피면서 승승장구 하는 고위공직자의 상습적인 거짓말. 거짓말을 하기 전후의 감정이나 심장호흡의 차이가 없는 상습적인 거짓말은 거짓말탐지기도 탐지할 수 없다고 한다. 이런 거짓말은 저 혼자만이 살아남기 위해 뱉어내는 '독약' 같은 거짓말이다.

오래전 이야기다. 모 대학교수가 김수환 추기경께 몇 개 국어를 하냐고 물었다. 추기경께서는 "한국사람이니까 한국말을 하지요. 일제 강점기에 태어났으니까 일본말도 하지요. 영어도 하지요. 독일에 유학 갔었으니까 독일말도 하지요. 신부니까 이탈리어말도 하지요. 또 성경을 읽으니까 라틴어도 하지요. 그리고 불어도 하지요. 특히 외국어 하나를 더하는 게 있어요." 했다. 궁금한 교수가 다시 묻자 추기경께서는 "거짓말을 하지요."라고 말씀하셨다.

나도 한국말에 하나 더 잘하는 게 있다. 거짓말이다.

숲길을 걸으며

올가을은 유난히 하늘이 맑고 햇살은 눈부시고 기온 또한 온화하다. 단풍든 아름다운 숲속을 걸으며 가을을 품는다. 걷다가 따뜻한 차 한 모금으로 한기를 데우고 또 걷는다.

나무를 찬찬히 바라본다. 언뜻 보면 비슷해 보이지만 모든 나무가 다른 형상을 하고 있다. 놀라웠다. 나무 한 그루 한 그루가 모두 온전한 존재라는 것을 처음 알게 되었다. 걸음을 멈추고 나무를 또 바라본다.

나무의 치열한 삶, 자기지킴이의 삶이란 생각이 든다. 봄이면 연둣빛 새순이 돋아나고, 꽃을 피우고, 여름이면 무성한 잎이 녹음을 이루고, 가을이면 열매 맺고, 단풍들어 아름다운 세상을 만들고, 겨울이면 잎을 떨어뜨리고 맨몸이 된다. 겨울 내내 나뭇잎 하나 걸치지 않은 채 혹독한 겨울나기를 하는 나무는 주검과 다를 바 없어 보인다. 그것은 새로운 한살이를 위한 인고의 시간, 지난 한살이의 생명 활동을 다가올 한살이에 반영하는 과정이다. 이렇게 치열한 삶, 자기지킴이의 생명 활동이 궁극에 가서는 자연전체의 생명 활동에 이바지하게 된다.

인간의 한살이도 마찬가지다. 온전한 나를 만드는 일은 결과적으로 타인을 위한 일이 된다는 사실. 자기를 지킴으로써만이 타인에게도 기쁨을 줄 수 있다는 사실. 치열하게 살지 못한다면 남을 위하거나 남을 탓하는 게 모두 의미가 없다는 사실 앞에 발걸음을 멈추게 된다.

내일이 수능일이다. 69만여 명이 이 관문을 통과해야 한다. 그들은 젊음을 유보한 채 밤낮없이 공부하고 또 공부했다. 치열한 삶이었다. 세상에는 대학을 나오지 않아도 부를 누리며 잘사는 사람도 많다. 그렇다면 대학에 가기 위해서 청춘을 유보한 채 '지겨운' 공부에 매달리는 이유가 무엇일까? 행복하기 위해서, 돈을 많이 벌기 위해서, 존경받는 인물이 되기 위해서, 그런 것들을 다 이루기 위해서? 결국 자기를 지키기 위해서일 것이다.

수능을 준비하는 딸을 둔 아빠가 퇴근길에 자주 가는 빈대떡

집에 들렀다. 주인 할머니는 반색을 하면서 빈대떡 한 조각에 막걸리를 내놓았다. 막걸리 잔을 들고 이런저런 이야기 끝에 며칠 있으면 수능인데 걱정이라며 잔을 비웠다. 할머니는 능숙한 손놀림으로 빈대떡을 뒤집으면서 대꾸를 했다. "공부는 남에게 주려고 하는 거야. 자기를 위해서 하면 옹졸해지거든. 세상을 어지럽히는 놈들은 다 공부를 많이 한 놈들이야. 그 놈들은 자기를 위해서만 공부했기 때문에 세상을 어지럽히는 거야. 남을 주는 공부를 못해 본거지"라며 빈대떡을 또 뒤집는다.

'공부해서 남 주나'라는 말이 있다. 그렇다. 어느 누가 남 주기 위해서 '지겨운' 공부를 하겠는가. 또 치열한 경쟁을 하겠는가. 당연한 말이다. 그런데 빈대떡집 할머니는 그 말을 빈대떡 뒤집듯 뒤집은 것이다. 공부해서 남 주라고. 그렇다면 남 주기 위한 공부는 어떤 것인가. 공부는 모든 분야의 전문성을 터득하기 위한 과정이기도 하다. 그 전문성을 성취한 뒤에는 세상과 나누어야한다는 말이었다. 결국 나무를 닮으라는 말이었다.

나 또한 나무처럼 살아왔는가. 되물으면서 단풍잎이 떨어지는 숲길을 걷는다.

그대를 위한 건배

그대의 근황을 알고 있네. 근황뿐만 아니라 그 모든 것을 다 잘 알고 있다네. 최근에 출판한 책을 가까이 지내는 문단 선후배와 친지들한테 발송한 것까지도.

책 한 권 보내는 일도 만만하지 않다네. 우선 보낼 사람을 정하고 그 분의 주소와 우편번호를 확인한 뒤 라벨에 타자하는 작업부터 해야지. 어디 그뿐인가. 봉투에 책을 넣고 봉하고 우편번호 순으로 분류해서 끈으로 묶고 우체국에 가서 접수해야 요금을 정상요금의 반으로 할인을 받을 수 있지. 이런 작업을 혼자하기란 잔손이 너무 많이 가는 힘든 작업인 것을 나는 알고 있네.

내가 처음 책을 출판해서 발송할 때 일이었지. 그대처럼 도움을 받지 못하고 며칠을 두고 손수 작업을 해서 우체국에 접수했었지. 담당직원은 발송용 봉투 오른쪽 위에 '요금별납'이란 표시가 인쇄되지 않았으니 도장을 찍어야한다고 하데. 우편번호 순으로 분류해서 끈으로 묶은 책을 풀러 도장 찍고 다시 묶어서 접수했었지. 3, 4백 권을 혼자 작업하기란 중노동이었지. 하기야 우체국에서 할 일을 대신하는 대가로 반액을 할인받는 제도이니 하라면 할 수밖에. 3, 4백 권을 발송하면 우편요금이 대충 해서 4, 50만 원 정도. 여기서 반을 할인 받으니 적은 돈이 아니지 않는가. 그대는 인복이 많아서 출판사측과 글 쓰는 분들의 도움을 받아 당일 처리했다니 다행스런 일이네. 할인 받은 돈으로 저녁대접 거하게 했는지 궁금하네.

책을 어렵사리 발송하고 나면 자식 먼 길 떠나보낼 때 마냥 마음 허전하고 한편 쑥스럽고 부끄러운 마음이 밀려오는 것을 나도 안다네. 우리 문단에서 몇몇 분을 빼고는 대다수가 자비출판해서 이렇게 가까이 지내는 사람끼리 책을 주고받으며 문학활동을 하는 '동인시대'를 살고 있지 않은가. 이런 현실이 서글프지만 어쩌겠는가. 글도 이렇게 거듭 출판하다보면 조금씩 나아지지 않던가. 무엇보다도 우리의 장르가 수필 아닌가. 그대의 일상을 끊임없이 쓰는 일, 이를 문예화하는 작업을 쓸 수 있는 그날까지 계속하면 나아지지 않겠나 싶네.

나는 책을 받으면 서문부터 읽는다네. 서문에는 저자의 사상과 정신이 들어있으니까. 그대가 보내준 책도 서문을 먼저 읽었네. 그대는 집을 나와 길에서 하루를 열고 닫는다고 했지. 또 집안에서는 마음으로 걷고 길에서는 발로 걷는다고 했지. 이렇게 걷고 또 걷다가 노곤한 몸 의자에 앉아 쉬게 하고 힘이 모아지면 또 일어나 걷는다고 했지. 길에서 느끼며 적은 것들을 또 한 권의 책으로 낸다고 했지. 앞으로는 안에서 밖으로 가는 걷기여행이 아니라 밖에서 안으로 가는 여행을 계속 하겠다고 했지. 동감일세. 나도 그대처럼 걸으면서 세월을 산다네.

오늘 일이었네. 어제 택배 하나를 받았었네. 막내며느리가 보내준 찹쌀떡을. 아침에 냉동실에서 꺼내 한입 물고 우물우물해서 넘기는 순간 부드럽고 달콤한 느낌이 너무 감미로웠었네. 그때 뭔가가 치밀어오데. 내 '국민학교' 3학년 때가 기억 속에서 살아나데. 아버지가 읍내에 나왔다가 학교에 들렀다면서 내 입에 넣어준 눈깔사탕의 달콤했던 그 맛이 살아나데. 그 눈깔사탕의 달콤한 맛이 채 가시지도 않은 3년 뒤 아버지는 돌아가셨지.

찹쌀떡을 나누어서 싸들고 5호선 방이역에서 내렸지. 이쯤 말하면 어디 가는지 알겠지. 큰애네 집 가는 길이네. 빈집에 들러 그 떡을 냉동실에 넣고 '할아버지 다녀간다. 힘들어도 정신 모아 집중하기'라고 녀석 책상에 메모를 남기고 나왔지. 유난히 단것을 좋아하는 우리 집 장손 태석이가 학교 끝나고 오면 냉장고 문을 열고 찹쌀떡을 찾겠지. 찹쌀떡의 달콤한 맛도 느끼겠지. 나도 그대처럼 나의 길을 걷고 또 걷고 있다네.

이야기가 빗나간 듯싶네. 책을 내면 축하를 받고 싶어지지. 출판기념회 말일세. 문단의 이름 높은 분들과 선후배 그리고 친지를 화려한 식당에 모셔 놓고 칭찬도 덕담도 들으면서 은근히 세를 과시해 해보고 싶겠지. 연단 위에서 수백 명을 내려다보며 인사말도 해보고 싶겠지. 또 즐비한 화환 앞에서 만족한 웃음도 흘리고 플래시가 번쩍하는 앞에 오래 서 있고도 싶겠지. 책을 출판하면 이런 출판기념회를 한 번쯤 꿈꿔보겠지.

그대는 책을 발송하고 늦은 밤에야 전동차를 타고 집으로 왔다지. 어둠에 잠긴 현관문을 열면 센서등이 불을 밝히며 맞이하고 그 불빛을 뒤로하고 일곱 발짝 걸어가 거실 등 스위치를 누르면 그제야 환히 눈을 뜨는 그대 집안. 탁자 위에 책을 놓고 그대가 아끼는 버찌 술병을 열고 가을보다도 더 짙은 보라색 술 한 잔 따르고 하얀 접시에 치즈 몇 쪽, 포도 한 송이 올려놓은 뒤 촛불을 밝혔지. 그리고 그대는 그대를 위한 건배를 했지.

그대와 내가 둘이 아니니 나를 위한 건배였네. 내가 나를 위한 건배. "오기환, 너 수고 했어. 앞으로도 밖에서 안으로 쉬지 말고 걸어가. 너를 찾아서. 그리고 책 낸 것 축하해."라고.

적자인생

우편함에 카드대금 청구서가 들어있다. 지난달에 카드로 사용한 외상값을 갚으라는 청구서다. 청구서 대금을 제때 갚지 못하면 연체료가 부과되고 유예기간이 경과되면 재산이 압류된다. 그래도 해결 못하면 신용불량자 되어 정상적인 경제활동이 제약된다는 내용이 함축되어 있다. 긴장하면서 훑어봤다. 적지 않은 금액이다. 카드사용을 줄인다면서도 그대로다. 마음대로 안 된다. 들어올 돈과 나갈 돈을 대충 계산해 본다.

카드 몇 장쯤은 지갑에 넣고 다니면서 옷도 사고, 쌀도 사고, 밥도 먹고, 술도 마시고 차도 마신다. 현금을 카드가 대신하는 세상이 되었다. 한때는 경제적인 능력이 있든 없든 길가는 사람까지 붙들고 카드를 만들어 줬다. 그 카드를 겁 없이 긁었다. 급기야는 카드대란을 겪기도 했다. 국민 1인당 개인부채가 1,700여 만 원으로 3년 전보다 100만 원 이상 더 늘었다고 한다. 뜨거운 경험을 했음에도 차 한 잔 마시고도 카드를 내밀고 월말에 잔고가 모자라면 카드로 카드를 돌려막기도 한다. 외상 인생이다.

어찌 요즘뿐이겠는가. 4, 50여 년 전에도 그랬다. 당시 어머니들은 남의 집 일을 끝내고 허겁지겁 골목을 뛰듯 걷는다. 오른손에는 새끼줄로 꿴 연탄 한 장을, 왼손에는 외상으로 산 봉지쌀을 들고 골목을 달음박질친다. 어린것들의 까만 눈동자가 아른거린다. 늦은 저녁밥을 서두른다. 외상 밥이다. 큰애는 집안의 잔심부름꾼이다. 구멍가게에 가서 두부나 콩나물을 외상으로 사오는 것도 선술집에 가서 외상 막걸리 사오는 것도 큰애 몫이다. 어른들은 밀린 외상값을 갚지 못하면, 가까운 길을 두고도 선술집이나 구멍가게를 피해서 돌아다닐 때도 있다. 그래도 갚지 못하면 외상거래가 중지된다. 가게 주인이 찾아와 소리소리 지르며 자식들 앞에서 망신을 주기도 한다. 시답잖은 가재도구를 들고 가기도 한다. 재산압류조치다. '외상이면 소도 잡아먹는다.'는 말이 있지만, 식구들에게 조반석죽도 변변히 먹이지 못하는 외상 소 잡아먹다가 야반도주하여 거리를 떠도는 부랑인이 된다. 신용불량자다.

뿐인가. 월급날이면 직장 현관 앞에는 중국집, 쌀집, 연탄집, 양복점, 구둣방 주인들이 외상장부를 들고 모여든다. 이것저것 제하다보면 이달도 적자. 궁여지책으로 뒷문으로 슬쩍 자리를 피하고 말면, 외상값 받으러온 주인들은 닭 쫓던 개 울 쳐다보기가 된다. 한 달을 미루고 다음 달로 간신히 숨통을 트는 서글픈 적자인생이다.

공무원 월급이래야 쌀 한 가마도 채 못 되던 시절이었다. 양복 한 벌에 36개월, 구두 한 켤레에 12개월 월부로 지내는 단벌신사가 태반이었다. 비가 오면 양복이 젖을세라 벗어들고 뛰는가하면 식당에 갈 때는 구두를 신발주머니에 넣어가지고 들어갔다. 양복소매에 토시를 끼고 사무를 봐도 소매 끝이 해지고, 구두창을 여러 번 갈아대도 벌어진 틈으로 흙도 빗물도 들어왔다. 아껴 입고 아껴 신었다. 고달픈 월부인생이다.

내가 거래하던 구둣방 노인은 월급날이 돼도 외상값을 받으러 오지 않았다. 글을 쓰지도 읽지도 못하기 때문인지도 몰랐다. 알아서 갚으라고 했다. 몇 달이 밀려도 독촉도 하지 않고 싫은 기색도 없었다. 알아서 갚다보니 오히려 덜 떼이고 단골은 늘어났다. 나는 막역한 친구의 취직선물로 외상구두를 맞추어 주기도 했다. 손을 잡으면 온기가 전해지듯 훈훈한 가게였다. 그 가게에 어느 날 붉은 등이 달렸다. 등에는 '謹弔(근조)'라고 쓰여 있었다. 구둣방 노인이 돌아간 것이다. 저승길에 노자를 보태드리면서 넋을 위로하지도 못했다. 나도 네댓 달 외상값이 남아있었다. 차일피일하다가 밀린 외상값도 갚지 못하고 전근을 가고 말았다. 본의 아니게 외상값을 떼먹은 인생이 되고 말았다.

하기야 사는 것 자체가 외상이 아니던가. 보이지 않는 마음의 빚이다. 부모에게 진 빚, 사랑하는 사람에게 진 빚, 가족이나 이웃에게 진 빚을 지고 산다. 이런 빚은 갚지 않는다고 독촉하지도, 연체료도, 재산압류도 하지 않는다. 더더구나 신용불량자로 몰지도 않는다. 그러니 더 무서운 빚, 무형의 빚, 영혼의 빚이다. 그리고 보면 한쪽 어깨에는 물건 외상값을 또 다른 어깨에는 정신적인 빚을 지고 사는 게 인생인 것 같다. 나도 아직까지도 무형의 빚을 지고 산다. 어머니의 유언을 지키지 못한 빚이다. 젊어서 홀로된 둘째 누님을 돌봐주라는, 생질녀석 뒤를 봐주라는 유언이었다. 그 누님은 팔순, 생질은 쉰이 넘었지만 지켜야지, 지켜야지 하면서 여기까지 오고 말았다. 이제 너무 늦었다. 불효다. 배은이다.

왜 사는가?

왜 사는가…

외상값

황인숙 시인의 「삶」이라는 시 전문이다.

왜 사는가? 누구에게 진 외상값 때문에 산다. 왜 사는가… 부모에게 받은 사랑은 자식에게 되갚아야 할 외상값, 어른들께 받은 사랑은 가족친지에게 되갚아야 할 외상값, 친구나 이웃에게 받은 신세는 이웃에게 되갚아야할 외상값, 그 외상값을 갚으려고 산다.

구둣방 노인에게, 생질에게 진 외상값은 일러 무엇 하겠는가.

약 속

찻잔을 놓고 앉아 창밖을 바라본다. 무료해지면 책을 읽다가 또 창밖을 바라보다가 문소리가 나면 그쪽을 쳐다본다. 창 옆의 그 사람은 누군가와 약속을 한 것 같다. 기다리게 해놓고 오지 않는 사람을 두 시간 가까이 기다리는 것 같다.

찻집은 약속을 기다리는 장소다. 기다려도 오지 않거나 불가피한 일로 더 기다릴 수 없을 때면 몇 자 적어서 메모판에 꽂아 놓았다. 요즘 사람들은 약속을 잘 하지도 않고, 기다리지도 않는다. 더구나 이별의 아픔을 견뎌내지도 않는다고 한다. 하지만 보이지 않는 마음의 방 메모판에 속내를 적어 놓고 기다림의 감정으로 지내는지도 모른다.

청년 시절 일이다. 가까이 지내던 L양과 첫눈 오는 날 서울역 대합실에서 만나기로 약속을 했다. 봄이 가고 여름이 가고 가을도 갔다. 스산한 바람 부는 어느 날 눈발이 흩날렸다. 첫눈이다. 설레는 마음으로 대합실 의자에 앉아 기다렸다. 해가 설핏해지고 눈발이 잦아들어도 오지 않았다. 혹시 내가 사는 동네는 눈이 왔는데 그가 사는 동네는 안 왔나? 1년이나 기다리게 해놓고 그는 오지 않았다. 서운하고 허전했지만 다음해 첫눈 오는 날을 기다릴 수밖에 없었다. 기다리며 지낼 수밖에 없었다.

아이들도 엄마 아빠와의 약속을 기다리며 자란다. 내일이 오면 곰인형을, 게임기를 사준다는 약속을 기다리며. 어른들의 내일은 '아직'인 모양이다. 엄마는 손가락 걸고 엄지도장 찍고 복사까지 하면서 철석같이 해놓은 내일이란 약속도 돌아서면 잊어버린다. 그래도 아이는 그 약속을 믿고 기다리며 자란다.

요즘은 실연의 아픔을 견뎌내는 사람도 줄어들고 엄숙했던 혼인 서약을 반 가까이는 지키지 않는 형편이 되었다. 약속을 지켜야하는 일이 지금에 와서는 절실하지 않기 때문이리라. 괴롭고 지루한 기다림의 대가를 거부하기 때문이리라. 약속을 잊고 사는 요즘이다.

군 입대 영장을 받고 소설가 임옥인 선생을 찾아갔었다. 소집 영장을 받자 '문장 강의' 시간에 너무나 살갑게 대하던 선생님이 생각났었다. 점심을 대접하겠다고 했다. 밥값은 선생님이 이미 계산한 뒤였다. 죄송해하는 날보고 제대한 뒤 밥 한 그릇 사라면서 장도를 축하해 주셨다. 제대 뒤에 차일피일 하다가 신문에서 부음을 들었다. 죄스러웠다. 지키지 못한 약속이었다.

그뿐인가. 어른을 뵈올 때나 전화를 할 때면 자주 찾아뵙는다고 한다. 자주는커녕 한 번도 찾지 않는다. 자식들은 효도하겠다고 한다. 안부전화라도 가끔 해주면 위안이 되고 그게 효도이련만, 그마저 희망사항일 뿐이다. 이렇게 공직입후보자가 지키지 못할 공약을 남발하듯 지키지 못할 약속을 해댄다. 공수표다. 하지만 지키지 못하고 있는 약속은 언젠가 지키면 되지 않겠는가. 지키면 되는 약속, 희망이 있는 약속이요 기다림방에 꽂혀있는 메모다.

인생은 약속이다. 그런데 기다리게 해놓고 지키지 못하며 사는 게 또한 인생이다. 무수히 남발했던 공수표, 약속 중에 진정 지키지 못한 약속은 실은 내가 나에게 한 약속인지도 모른다.

나와의 위약, 부끄럽고 죄스럽다. 그러니 인생후반기에 들어선 나에게 있어 남은 약속이라면, 그건 다시는 지키지 못 할 약속만은 하지 않는 것일 게다. 하지만 반세기 넘게 기다려 온 L양과 만남의 약속은 아직도 유효하다.

숙명의 회로

철새가 떼 지어 창공을 난다. 사람들이 땅 위에서 하루하루를 살고 있는 동안 허공에서는 다양한 새 떼가 쉼 없는 날갯짓하며 날아와 천수만을 뒤덮고 있다. 아빠 철새는 좋은 생식지를 차지하기 위해 일주일 정도 먼저 날아왔다. 엄마 철새는 새끼를 데리고 아빠철새와 합류한다. 이렇게 새 떼가 근원을 알 수 없는 자장에 따라 쉬지 않고 날갯짓하며 찬바람 뚫고 저문 강, 넓은 들판을 까맣게 덮는다. 그들은 어디서 와서 어디로 가고 있는가.

철새는 어떻게 목적지의 방향을 정해서 이동하는 것일까. 이동 무렵 미리 지방을 저축하여 이동 중에는 쌓아둔 지방을 에너지 삼아 2, 3만여 킬로미터를 나는가 하면 북극에서 남극까지 이동하는 철새도 있다고 한다. 그들은 나침반도 내비게이션도 없이 하늘을 난다. 기상을 예측하는 능력이 없기 때문에 위험에 노출되고 그로인해 수를 헤아릴 수없는 많은 새들이 생명을 잃는다. 태풍과 눈보라, 폭우와 짙은 안개를 만나거나 한밤중의 시야장애로 철새가 떼죽음을 당하기도 한다. 생명을 건 처절한 여정이다.

철새는 왜 목숨을 건 이동을 하는 것일까. 어디로 가는 것일까. 가지 않으면 안 되는가. 그 떠남의 신비를 알아내려고 인류는 오랜 세월을 노력했지만 알 길이 없다고 한다. 발목에 가락지를 끼워 날려 보낸 수많은 철새가 허공을 날고 있지만, 그 신비에 대해서는 기후나 먹을거리 등 일부제한적인 조건밖에 파악하지 못하고 있다고 한다.

생명을 걸고 창공을 나는 철새는 인간의 근본을 생각하게 한다. 목숨을 건 유목의 세월을 견뎌온 인류의 조상을 생각하게 한다. 지금도 인류는 철새처럼 쉼 없이 어디론가 이동하며 살고 있다. 아침에 집을 나와 저녁이면 돌아가고 이 집에서 살다가 저 집으로 옮겨 다니며 살고 있다. 사랑하는 이 쫓아 남미로 아프리카로 옮겨 다니며 살기도 하고 지구 반대편에서 그 사람 하나 믿고 이 땅으로 날아와 살기도 한다. 문명이 발달하면서 인류는 정착민이라는 믿음, 자신이 떠돌이가 아닌 텃새라는 믿음으로 살고 있지만, 우주적인 관점에서 바라보면 떠돌이에 지나지 않을 것이다.

철새를 보면 생명체의 본능에 깊게 새겨진 숙명의 회로를 생각하게 된다. 땅을 기어 다니는 짐승은 죽을 때까지 기다가 죽는다. 두 발로 걷는 인간은 죽을 때까지 걷다가 죽어야 한다. 창공을 나는 날짐승은 죽을 때까지 날다가 죽어야하는 숙명의 회로. 그것은 거부할 수도 없고 거부하지도 못한다. 숨이 멈추는 마지막 순간까지 숙명에 부응하는 끊임없는 몸짓. 눈물 나도록 아름답고 장렬한 생명의 날갯짓이다. 킬리만자로를 끊임없이 기어오르는 표범처럼 왜 모두들 어디로 가고 있는가.

지금 우리는 모두다 어디로 가고 있다. 본능 속에 아로새겨진 숙명의 회로를 따라 각자 쉼 없이 가고 있다. 운명의 끝을 향해서 생명의 리듬에 맞춰 기어가고, 서서 가고, 날아서 가고 있다. 아아, 멈출 수없는 그 숙명의 길이여, 끊임없는 산 자들의 회로여.

자주 넘어지는 남자

신이 인간에게 준 최고의 선물은 직립보행이라고 한다.

어린 아기는 기어 다니다가 일어서고, 뒤뚱 뒤뚱 한두 발짝 떼다가 또 넘어진다. 가까스로 걷다가 무릎도 깨고 팔꿈치나 콧잔등도 긁히면서 걷는다. 이렇게 넘어지면서도 걷고 또 걷는다.

자주 넘어지는 사람이 있다. 어렸을 적에는 손잡을 데가 없어서 마음이 넘어졌고 나이 들어서는 몸이 균형을 잃고 자주 넘어진다. 그가 공직에서 정년을 하던 해, 산에 갔다가 넘어져서 응급실 신세를 진 적이 있다. 수평을 잡아주는 달팽이관이 균형을 잃었기 때문이라는 진단이었다. 과로를 피하면서 마음 편히 쉬라는 의사의 권유였다. 첫 번째 넘어짐이다. 그리고 몇 년이 지난 뒤, 헬스장에서 맨손체조를 하던 중 몸의 중심을 잃고 넘어졌다. 두 번째 넘어짐이다. 그 사고로 오른손 다섯째 손가락 중수골이 골절됐다. 몸의 중심을 잃음은 마음의 균형이 무너지고 있다는 경고음이었다.

그리고 몇 년 뒤, 계단을 내려오다 왼쪽 발을 헛디디면서 또 넘어졌다. 인대가 늘어나 깁스를 하고 알루미늄목발 신세를 졌다. 세 번째 넘어짐이다. 계단을 오르기도 어렵지만 내려오기는 더 어렵다는 것을 알게 해 주는 사고였다. 그는 넘어졌다 일어나기를 반복하면서 걷기를 계속하고 있다. 하지만 세 번씩이나 반복되는 경고음 무심히 넘기면서.

인생을 앞만 보고 걸어가던 중 한 해가 며칠 남지 않은 추운 겨울날 또 넘어지고 말았다. 네 번째 넘어짐이다. 응급실에 실려가 두세 시간 동안 찢어진 왼쪽 광대뼈 부위를 봉합수술 했다. 상처부위를 세척하는 물소리를 듣고, 피가 목덜미를 타고 흐르고, 수술하는 외과의사의 분주한 손놀림을 느끼면서 응급실 침대에 누워있었다. 그러면서도 사고의 의미를 잘 헤아리지 못하는 것 같았다.

4, 5일 뒤에 실밥을 뽑고 부기가 서서히 빠질 무렵 붕대도 풀었다. 붕대를 풀자 흉터가 충격적이었다. 의사는 당황해하는 표

정을 읽으면서 6, 7개월이 지나야 성형수술을 할 수 있으니 흉터부위가 자리 잡는 것을 지켜보자고 한다. 또 사고로 인한 성형은 흉터의 폭을 줄이고 눈에 덜 띄게 바꾸어 줄 뿐 완전히 없애지는 못한다는 설명이다.

당장 눈에 보이는 얼굴 흉터에만 매달리다가 보이지 않는 더 큰 안의 상처를 또 간과하고 있었다. 실신한 원인을 밝히는 일을. 뒤늦게 원인규명에 들어갔다. 순환기내과에서 한 달이 넘는 검사결과 '미주신경성실신(迷走神經性失身)'이라는 진단결과가 나왔다. 극심한 신체적 또는 정신적 스트레스 등을 받게 되면 심장박동이 느려지고 혈압도 떨어져서 의식을 잃고 쓰러지는 고약한 병이라고 한다. 실신상태에서 곧 소생은 되지만 실신할 때 신체적 외상이 치명적일 수 있으니 주의하라고 한다.

의사는 "약물보다 정신적인 치료가 더 요구된다. 신체적 스트레스와 감정적 긴장과 피로를 피하면서 실신이 발생하는 상황을 예방하는 것이 중요하다. 그러기 위해서는 마음을 편히 먹고 적당한 운동을 하면서 가벼운 마음으로 인생길은 걸어가야 한다."고 말했다. 마음을 편히 먹고 가벼운 마음으로 살아가는 일, 쉬운 것 같으면서도 지극히 어려운 일이 아닌가. 숨을 쉴 때도 숨의 움직임을 느끼고 숨결이 고르지 못하면 실신의 징후임을 인지하고 대비해야 한다. 더 어려운 일이 아닌가. 숨의 파장을 읽고 느끼면서 몸을 추슬러야 한다. 도인이나 할 수 있는 일이 아닌가. 십여 년 동안 여러 차례 보내온 신호음은 마음을 조절하며 소소하고 평범한 일상 속에서 삶의 의미를 찾아내고 평온함을 발견하라는 경고였다.

지난해 개봉한 영화 '라이프 인 어 데이'는 2010년 7월 24일 전 세계 사람들의 하루 일상을 담은 다큐멘터리다. 197개국에서 올라온 4천 5백 시간에 달하는 8만여 개의 동영상을 편집한 작품이다. 지구촌 남녀노소의 평범한 일상이 펼쳐지는 영상은 일상의 소소함 속에서 삶의 의미를 발견하는 아름다운 영상이었다. 늙은 노인이 낮술을 마시면서 "오늘은요, 내 인생에서 최고의 날"이라고 외쳐대는 장면이 지금도 눈에 선하다. 그렇다. 우리는 하루하루를 기적같이 살아내고 있다. 랠프 에머슨이 말한 "그대가 헛되이 보낸 오늘은 죽어간 그이가 그토록 그리워하던 내일"이란 말을 되새기게 하는 영화였다.

오늘이 세상의 마지막 날인 것처럼 산다면, 그 남자가 맞이한 오늘은 인생 최고의 날이지 싶다. 그 남자의 자주 넘어짐이 오늘을 살아가야하는 과정이라면 넘어지고 또 넘어진들 대수겠는가. 어렸을 적에는 마음이 넘어지면 몸이 일으켜 주었고 나이 들어서는 몸이 넘어지면 마음이 일으켜준다. 이렇게 몸과 마음이 균형을 유지하면서 그저 가벼운 마음으로 인생을 걸어갈 수 밖에.

한 권의 책

스티브 잡스가 세상을 떠나자마자 그의 전기가 출간되었다. 나도 그의 전기 『스티브 잡스』 한 권을 샀다.

그는 누구인가. 자신의 집 차고에서 애플을 만들고 일에 대한 열정과 완벽주의로 정보기술(IT)의 혁명가가 된 사람. 컴퓨터가 값비싼 물건일 때 '냉장고처럼 팔릴 것'을 확신하고 애플Ⅱ로 PC시대를 연 사람. 매킨토시 소비자들의 외면으로 애플에서도 쫓겨났지만 미래의 컴퓨터 모습을 제시한 사람. 애플로 다시 돌아와 MS와 제휴하여 아이팟을 만들어 아이폰- 아이패드로 IT혁명을 이룬 사람이 췌장암을 앓다가 결국은 56세로 세상을 떠나고 말았다. 불운했던 천재였다.

그의 전기는 2004년부터 전기 작가인 월터 아이작슨에게 부탁해서 쓰였다. 사생활이 베일에 가려진 스티브 잡스가 전기를 써달라고 부탁했을 때 여러 번 거절했다고 한다. 하지만 췌장암으로 시한부 생명을 예견한 잡스는 자신의 요구를 관철해 40여 차례의 인터뷰를 통해서 전기를 쓰는 자료를 제공했다. 혁신적인 아이디어와 프레젠테이션으로 명성을 떨친 인물이, 더 진화하고 더 혁신적인 방법을 추구하지 않고 한 권의 책으로 자신을 정리했다는 사실에 많은 생각이 머문다.

전기는 한 사람의 일생을 그린 책이다. 세상을 살다 간 사람들 중에는 전기를 남기는 사람과 남기지 않는 사람이 있다. 하지만, 인생을 살다간다는 것은 한 권의 책을 쓰는 과정과 별로 다르지 않을 것 같다. 누구나 자신의 삶을 사는 것이니 자신이 전기의 주인공인 동시에 집필자가 되기 때문이다. 인생관은 삶의 지표가 되고 경험은 스토리가 되어 전기의 세상이 펼쳐진다.

인생경험이 풍부한 원로의 진솔한 강연을 들을 때면 깊은 감동을 받게 된다. 파란만장했던 인생살이를 한두 시간으로 요약하지만 거기에는 험난하고 고달팠던 한평생이 들어있기 때문일 게다. 그 강연 자체만으로도 이미 한 권의 책이 되어있음을 느끼게 된다. 글 쓰는 사람은 그의 글이, 노래하는 사람은 그의 노래가, 그림 그리는 사람은 그의 그림이, 등 굽은 노인의 폐휴지를 실은 손수레는 그 손수레가 한 권의 전기가 된다.

천상병(1930~1993) 시인의 아내 목순옥(1935~2010) 여사가 쓴 『시인 천상병의 아내 목순옥 이야기』라는 책을 읽었다. '남편의 까다로운 시간 맞추기, 천상병식 고집이 결코 힘들게 느껴지지 않았던 것은 내가 아니면 기댈 데 없는 아이 같은 순수함과 손을 놓아버리면 사라져 버릴 것 같은 걱정과 애잔함 때문에 결혼을 결심' 하고 20여 년을 살아온 목순옥 여사의 이야기다. 지지난해, 갑자기 세상을 떠났다는 부음을 들었을 때다. 카페 '귀천'에 들러 차를 마셨다. 시인도 그의 아내도 '歸天' 하고 없는 적막강산에 그들이 살아온 이야기를 아는 이 아무도 없다. 후손도 없이 살다간 그들의 시시콜콜한 이야기를 아는 이 있을 리 없다. 이 책은 순진무구한 시인의 아내가 아이 같이 순수한 시인과 살아낸 동화 같은 책, 한 권의 전기다.

우리네 삶은 나이 들어 풀어놓는 진솔한 자기고백인 것도, 한 권의 책인 것도 같다. 그래서 한 권의 책이 되어가는 인생은, 나름대로 최선을 다해 세상을 살아낸 사람들의 이야기는 다음 세상에 지혜를 전달하는 신화로, 전설로, 때로는 설화로 전해지기도 한다.

『스티브 잡스』를 읽다가 책장을 접으며 생각한다. 지금 나의 전기에는 어떤 내용이 담겨지고 있는지. 몇 장 몇 절까지 쓰여지고 있는지를.

4.

연꽃 한 송이 피기까지

문사(文士)의 방

우편함에 편지 서너 통과 책 한 권이 들어있다. 그 자리에서 책을 꺼냈다. 가깝게 지내는 분이 출판한 수필집이다. 반가운 마음으로 책을 펴보았다. 하늘색 한지에 붓으로 내 이름을 쓰고 자신의 이름 밑에 낙관이 찍혀있다. 이런 책을 받을 때면 품격 있는 문사의 기품을 만나듯 한량없는 기쁨으로 책장을 넘기게 된다.

문사는 학문을 닦는 선비, 문필에 종사하는 사람을 말한다. 그들의 공통점은 글을 공부하고 글을 짓는 사람들이다. 문사들 방엔 글을 읽고 짓는데 필수적인 문방사우(文房四友)가 있었다. 문방사우는 문사들에게 필수적으로 요구되는 지필묵연(紙筆墨硯),

즉 종이, 붓, 먹, 벼루를 일컫는 말이다. 문방사우는 시서화(詩書畵)를 가까이 하며 살던 양반문화의 전유물이었다. 시와 글을 짓고 그림을 그리는 것이 양반문화의 핵심이었다.

조선시대 대표적 명필 추사 김정희는 말년에 친구 권돈인에게 보낸 편지에 이렇게 썼다. "내 글씨는 아직 말하기에 부족함이 있지만 나는 70평생에 벼루 열 개를 밑창 냈고 붓 천 자루를 몽당붓으로 만들었다"고. 그의 평생을 통한 노력이 잘 드러난 글귀이다. 추사 김정희의 글씨도 8년여의 유배생활에서, 다산 정약용의 주요저작물도 18년여의 유배생활에서, 정약전의 조선시대 해양물사전이라 불리는 『자산어보(玆山魚譜)』도 유배생활에서 쓴 작품들이었다. 고난을 견뎌낸 문사들의 문방사우와 함께 만들어낸 인고의 결과라 해도 지나친 말이 아닐 것 같다.

문방사우는 시서화의 도구이지만 그것이 한데 어우러지면 여유와 여백이 생기고 관조와 의미화가 이루어진다. 해서 유배된 선비들이 어지러운 마음을 다잡고자 먹을 갈고 붓을 들어 한지에다 시를 짓고 글을 짓고 그림을 그리기도 했다. 역사에 길이 남을 문화적 유산은 고난을 견뎌낸 문사들의 방에서 문방사우와 함께 이루어진 인고의 산물인 것 같다. 귀양살이에서도 문방사우와 책만은 박탈하지 않았던 점에서 조선시대의 양반문화는 학예를 존중하는 바탕을 보장해줬던 것 같다.

그러나 현대를 살고 있는 문인들에게 문방사우는 낡고 고루한 도구이겠지만 지금도 문사의 길을 고집하면서 사는 분들이 더러 있다. 그중에 S시인을 꼽고 싶다. 내가 수필집을 출판했을 때 일이다. 가까이 지내는 분들에게 책을 보냈었다. 며칠 뒤 S시인의 편지를 받았다. 수필집 출간을 축하한다는 내용의 글을 한지에다 붓으로 쓰고 그 옆에 그림을 그린 뒤 두인과 낙관이 찍혀 있었다. 한 편의 서화였다. 봉투에는 우표가 붙어있었다. 전화나 이메일로 축하하는 것이 관례처럼 된 세상에 손수 쓰고, 그리고 우표를 붙여서 축하해 주었다. 시인 청마(青馬) 선생이 우체국에서 그리운 사람에게 한 자 한 자 꼼꼼하게 편지를 썼듯.

요즘은 종이, 붓, 먹, 벼루 대신 컴퓨터와 스마트폰이 차지하게 되었다. 넉넉한 마음으로 먹을 갈고 천진스런 마음으로 붓을 꺼내 글을 짓는 대신 조급한 마음으로 자판을 두드리고 손가락으로 글을 쓴다. 자판을 두드리는 그 손끝으로 그들은 나름대로 마음을 그리겠지만, 글쎄다. 옛날 문사의 방에서 은은히 풍기던 속 깊은 묵향이, 그 여유와 여백이 그려질 수 있을까 의문스럽기만 하다.

21세기라는 현대에 살면서 시인 청마 선생이나 S시인처럼 문방사우를 가까이 하며 고요히 지내는 이들도 더러는 있다. 며칠 전에 문우가 보내준 책을 읽고 있다. 전에는 메일이나 문자로 축하해 주었지만 나도 이번에는 꼼꼼히 읽은 다음 먹을 갈고 붓을 꺼내어 축하의 글을 써서 보내야겠다.

과유불급(過猶不及)

자명종이 울린다. 벨소리는 들리는데 몸이 움직여지지 않는다. 얼마 뒤 간신히 눈을 떴다. 아침 6시 반이다. 1시간 반을 더 잤다. 늦었다. 용산역에서 7시에 목포 가는 열차를 타야하는데. 남쪽에 있는 외딴섬 우이도 가기를 포기하고 내친김에 다시 눈을 감고 잠을 청해본다. 어제 무리한 것 같다. 낮에는 부암동 길을 걷고 밤에는 이원국 발레를 본 것이 화근이었다. 지나침은 미치지 못함과 같다는 말도 있는데.

며칠 전부터 미술 하는 분이 부암동 길을 걷자고 한다. 그날 저녁에는 발레가 예약되어 있고 그 다음날은 새벽같이 우이도를 가나야 하는데 부암동 길 걷기는 무리인 것 같았다. 하지만 그의 제의를 뿌리치지 못하고 약속을 하고 말았다.

약속장소인 경복궁역 3번 출구를 향하여 계단을 오르는데 내려오는 사람이 내 어깨에 탁 부딪친다. 충돌이다. 나는 분명히 우측으로 걷고 있는데 그 사람은 좌측으로 내려오면서 내 어깨를 툭 치고도 모른 척하고 걸어간다. 뒤돌아보았다. 하의실종패션 여성이다. 초미니 스커트에 스타킹만 신고 엉덩이 아래 하의를 입어야할 부분이 실종된 차림의 여성이 보무도 당당하게 걸어간다. 며칠 전 신문기사가 떠오른다. 강원교육청에서는 8억원을 들여서 중고등학생들 책상아래에 가림판을 설치하기로 했다고 한다. 그 이유는 짧아진 교복 치마로 인한 민망함 때문이라고 했다. 어른들의 하의가 실종되고 앞가슴도 배꼽도 등도 드러나는 판에 중고등학생이라고 보는 눈이 없겠는가. 교복 치마가 좀 짧아진 것쯤은 대수냐 싶기도 하다. 역시 지나침은 미치지 못함과 같다.

햇살이 따습다. 어제 비가 내리더니 더 따뜻해진 것 같다. 봄날이다. 얼마 전 일본은 지진으로 엄청난 재앙을 입었다. 어제 내린 봄비는 방사능비라고 야단들이지만 봄비가 지나간 햇살은 더 따습고 포근하다. 사람들 옷 빛깔은 더 밝아지고 젊은이들은 더 얇고 밝고 대담하게 드러내고 어깨를 툭 치기도 하는데 나는 아직도 내

복을 벗지 못하고 옛 흔적을 찾아 부암동 길을 걷는다.

부암동도 변하고 있다. 굽은 길은 곧게 펴서 흙길에 시멘트를 바르고 오래된 집을 헐어내고 새집을 짓고 있다. 저기쯤은 경관이 괜찮겠다 싶은 곳에는 카페가 들어서서 커피를 팔고 있다. 그래도 부암동은 겨울을 밀어내고 꽃을 피우고 있다. 얼어붙은 땅, 벌거벗은 나무, 황량했던 숲에도 봄이 오고 있다. 이런 부암동을 그는 스케치북에 담고 나는 수첩에 적으면서 걷고 또 걸었다. 숨이 차다. 자연은 지나침이 없는데 나는 어제도 등산을 했고 오늘도 길을 걷는다. 간이의자에 앉아 가쁜 숨을 몰아쉰다. 힘이 붙인다.

무거운 걸음으로 대학로에 있는 소극장에 들어섰다. '이원국의 월요 발레이야기' 포스터를 지나 맨 앞줄에 자리 잡고 앉았다.

막이 올랐다. 자그마한 키에 당당한 체격의 중년이 눈앞에서 이야기를 시작한다. 숨소리도 몸의 미세한 움직임도 느끼고 보고 들을 수 있는 소극장 맨 앞자리에서 그의 말을 듣는다.

고등학교를 6년 만에 졸업하고도 방황은 멈추지 않았다. 그래도 어머니는 다독이면서 "너는 할 수 있어, 앞으로는 잘 할 거야."라며 체육관에도 음악학원에도 종내는 아들이 춤에 소질이 있음을 알고는 과욕을 접고 발레를 배우게 했다. 해서 그는 자기 능력을 믿고, 그 능력을 딛고 일어나 마침내 국민발레리노가 되었다. 지금은 발레를 알리고자 소극장에서 춤을 춘다면서 이야기를 맺는다. 눈이 자꾸만 감기고 몸이 가라앉는다. 그의 목소리가 끊겼다 이어졌다 한다.

음악에 맞춰 발레리나가 사뿐사뿐 걸어 나온다. 토슈즈를 신은 발끝에 몸무게를 지탱하면서 춤을 춘다. 종아리 근육이 불끈 나오고 다리가 파르르 떨린다. 균형이 흔들리는 순간 회전으로 몸을 가눈다. 1회전 2회전 3회전…. 그때 발레리노가 그를 허공에 들어올린다. 발레리노의 몸에 고인 땅방울, 은빛 물방울이 허공을 가른다. 가쁜 숨소리, 땀방울의 흩날림, 근육의 떨림을 지척에서 보고 느낀다. 튕기는 가락 따라 무대를 휘젓는 육신은 허공에 아름다운 곡선을 긋는다. 끝없는 인고가 만들어내는 아름다운 선, 그 선은 춤이 되고 글이 되고 그림이 된다.

소란한 소리에 눈을 떴다. 출연자들의 인사에 관객은 박수로 환호하고 있다. 기립박수다. 깜박 잠이 들었었나 보다. 이제야 정신이 맑아진다. 오늘은 너무 무리한 것 같다. 역시 지나침은 미치지 못함과 같다는 말을 되새기면서 극장을 나선다.

자리에 누워서 생각해 본다. 자기 분수에 맞고 능력에 맞게 살고자 하는 마음가짐도 결코 쉬운 일이 아니다. 이를 실천하기는 더 어렵다. 그래서 과유불급(過猶不及), 지나침은 미치지 못함과 같다는 말이 전해오는 것 같다. 지나치지 않고 치우치지 않는 삶, 즉 중용의 필요성을 말한 것 같다. 하지만 중용을 지키며 산다는 게 얼마나 어려운 일이던가.

과유불급, 지금 나는 무엇이 지나친가. 무엇이 미치지 못하는가. 내 마음 안을 찬찬히 들여다본다.

결혼은 미친 짓이다

오늘은 당질녀가 결혼하는 날이다. 식장에는 벌써 친척들이 담소를 나누고 있다. 이어서 식이 시작됐다. 진행자가 신부입장을 알린다. 흰 드레스를 입은 신부가 식장에 들어선다.

신부는 Y대학을 졸업한 '중학교 선생님'이다. 계수씨가 직장에 다니면서 딸아이를 잘 기르고 가르쳤다. 특히 기특하게 생각하는 것은 배필을 선택한 안목이다. 신랑은 지방대학 출신이다. 게다가 사회복지사로 돈과는 거리가 먼(?) 직업에 종사하고 있다. 가정형편도 넉넉지 못하다고 한다. 홀어머니에 장남, 아래로 동생들도 줄줄이란다. 그래도 그 사람을 사랑한다며 결혼을 허락해 달라고 반대하는 부모와 맞섰던 신부를 향하여 큰 박수를 보낸다. 신부는 사랑과 결혼을 생각하게 한다.

시집 『바람 부는 날이면 압구정동에 가야 한다』로 유명해진 시인 유하는 영화감독이기도 하다. '결혼은 미친 짓이다'라는 영화를 만들어 화제가 되었었다. 유하 감독은 이 영화를 통해서 젊은이들이 상상하는 결혼생활과 현실 사이의 간극을 예리하고 섬세하게 지적했다. 그가 결혼을 못마땅하게 생각한 이유는 결혼은 사랑을 질식 시킨다는 의미에서였다. 그만큼 사랑의 가치를 높게 평가한 시인이었다.

사랑은 어떤 강제도 없이 철저하게 자유 의지로 상대가 나를 선택하였을 때 진정한 사랑의 기쁨을 누릴 수 있다. 하지만 그가 나를 사랑할 수 있는 자유를 가지고 있다는 것은 나를 버릴 수도 있는 자유를 가지고 있다는 것을 의미하기도 한다. 그러나 결혼은 직간접적으로 사랑하는 두 사람의 자유를 제약하기도 하고 결혼을 통해서 내 남편 내 아내란 소유관계를 인증 받고자 하기도 한다. 그래서 결혼은 사랑의 감정마저 식어버리는 결과를 초래할 수도 있다.

사랑이 최고의 기쁨으로 다가오는 순간은 언제인가? 그가 언제든지 나를 떠날 자유를 가지고 있음에도 내 곁에 머무는 순간일 것 같다. 그런가 하면 그가 나를 떠날 수 없다고 확신할 때,

더는 그 사람의 속내를 읽거나 마음을 졸이거나 안타까워하거나 기쁨을 주려는 노력을 게을리 하게 될 것 같다. 그렇다. 사랑의 열정과 기쁨은 상대가 언제든지 나를 떠날 수 있는 자유를 가질 때만 가능하다.

어떻게 하면 이런 사랑의 열정을 결혼생활에서도 지속할 수 있을까? 그 방법은 연애시절보다도 더 자신과 상대의 자유를 받아들여야 한다고 본다. 말이 그렇지 얼마나 힘들고 감당하기 어려운 일인가. 자유를 구속하는 결혼생활의 관습을 거스르며 연애시절보다도 더 상대의 자유를 인정하는 것은 더 많은 성숙과 노력이 요구되기 때문이다.

사랑에는 기쁨과 자유의 두 감정이 공존한다. 연애시절에는 두 사람의 사랑은 자유로웠지만 결혼생활에는 두 사람의 자유가 제약을 받게 된다. 자유가 제약된다면 설렘과 기쁨도 따라서 제약을 받게 된다. 그래서 유하 감독은 "사랑하는 사람에게 결혼은 미친 짓"이라고 말했던 것 같다.

신랑신부가 결혼 서약을 하고 있다. 주례의 질문에 "예"라고 대답한다. 주례는 결혼이 성립되었음을 선포한다.

내가 다시 물어본다. 결혼생활에서도 사랑을 하고 싶은가? 그렇다면 연애시절에 경험했던 사랑의 기억들을, 처음 손을 잡고 사랑을 고백했던 그때를, 연애시절이나 신혼시절에 남편이 무거운 짐을 들어 주었던 그때를, 타인과 대립되었을 적에 무조건 내 편이 되어주었던 그때를 늘 기억해내야 한다. 결혼한 지 10년, 20년이 지나도 남편이 내 곁을 떠날 수 있었지만 아직도 곁에 있다는 사실을 잊지 말아야 한다. 정말 그럴 수만 있다면 유하가 던진 사랑의 공식인 '사랑≠결혼'은 틀린 말이 된다. 너는 그래야한다. 그럴 수만 있다면 결혼은 결코 미친 짓이 아닐 것이다.

옆에 앉아있는 아내를 바라본다. 흡족한 얼굴로 퇴장하는 신랑 신부에게 박수를 보낸다. 나도 박수를 보낸다. 내 곁에서 자신의 자리를 지켜온 아내를 향하여도.

그 남자의 생일상

창문이 환하다. 문틈으로 도시의 소음이 들어와 고요를 흔든다. 시계를 본다. 7시다. 그때다. 현관 쪽에서 비밀번호를 누르는 소리가 들린다. 아니, 이 시간에 누가? 그 남자는 자리에서 벌떡 일어났다. 비밀번호를 아는 사람은 가족뿐이다. 이른 아침에 무슨 일이 있단 말인가. 설사 일이 있다 해도 전화를 하면 되지 직접 달려오는 것을 보면 예삿일이 아닌 것 같다. 이런 생각을 하면서 현관 앞에 갔을 때 문이 열린다. 아내가 양손에 가방을 들고 들어선다.

아내는 옷을 갈아입자마자 가방을 열고 주섬주섬 꺼내서 식탁에 올려놓는다. 가지나물, 더덕무침, 콩나물, 늙은 오이무침, 시래기나물, 산채나물…을 내놓고 랩에서 조기를 꺼내서 뚝배기에 넣고 데운다. 그 남자는 웬일이냐고 쳐다본다. 아내는 "오늘이 당신 생일이잖아요"라고 한다.

음력 7월 13일, 오늘이 그 남자 생일이다. 생일이 여름의 막바지인 복중이라 차리는 사람이나 대접받는 사람이나 부담이 되지만 그날을 거르는 일은 없었다. 군대생활 3년을 빼놓고는. 결혼 전까지는 어머니가, 결혼 후에는 아내가, 자식들이 가정을 이룬 뒤부터는 며느리들이 챙겨주고 있다. 생일이 주말이면 다행이지만 그렇지 못하면 생일 직전 주말을 정해서 모인다. 그 남자 생일도 지난 주말에 성대히(?) 지냈다. 그러나 실제 생일은 오늘이다. 해서 아내는 손수 만든 음식을 싸들고 새벽을 달려와서 생일상을 차린다.

그 남자의 아내는 몇 년째 큰아들네 집에서 손자들을 돌보고 있다. 주말이면 일주일 먹을 것을 준비해 놓고 또 간다. 두 집을 오가면서 살림을 살고 있다. 오늘아침은 밤새껏 다듬고, 씻고, 썰고, 무치고, 끓인 것들을 들고 달려와서 생일상을 차린다. 지난 주말에 식당에서 차린 생일상은 의례적인 상이었다면 이 아침에 마주하고 앉은 생일상은 마음의 상인 것 같다. 돈으로 치자면 불고기 1, 2인분 값이 될까 말까 하지만 푸짐하고 정이 배어나는 상이다. 숟가락을 든다. 늙은 오이무침 그릇을 그 남자 가까이 놓는다. 아직도 바글바글 끓는 조기뚝배기도 그 남자 앞으로 밀어 놓는다. 아내가 차린 밥상은 어머니가 차렸던 밥상과 별로 다름이 없다. 시어머니 옆에서 보고 들으며 배워 익힌 것이 손맛으로 배어나 고유한 맛을 내고 있다. 우리 집의 전통 음식이 되었다.

이 음식들은 시어머니가 좋아하던 음식이기도 하다. 여름이 깊어지면 늙은 오이무침이 끼니때마다 밥상에 올랐다. 조기찌개도. 조기 살을 발라손자 숟가락에 얹어주고 자기는 뼈나 국물만 먹었다. 남은 조기대가리에 쌀뜨물을 붓고 또 끓여서 먹었다. 밥 한 숟가락에 찝찔한 조기국물 한 숟가락으로 간을 맞추는 식사를 했다. 이렇게 절약하고 아끼면서도 미각을 중시하며 가족을 사랑하는 밥상을 배우고 익혔다. 시어머니가 돌아가신 뒤에도 이 음식은 늘 상에 올랐다. 그 남자도 좋아했다. 그 여자도 좋아하게 됐다. 이 음식들은 대물림되어 밥상을 지키고 있다. 곤궁했던 시절 음식이 추억 음식으로, 그리움을 삭이는 음식이 되어 밥상에 오른다. 이 음식들은 시어머니 제사상에도 오르고 있다. 생전에 좋아하던 음식을 제사상에 올린다고 법도에 크게 어긋나지 아닐 듯싶어서 그 남자도 말리지 않고 있다. 이 아침에 두 사람은 이 집의 전통음식이 된 늙은 오이무침과 쌀뜨물 붓고 끓인 조기찌개에 유난히 숟가락이 자주 들락거린다.

그 남자와 그 여자는 먹는 것, 입고 자는 것에는 크게 다르지 않다. 그러나 생각하고 생활하는 데는 서로 다른 데가 많다. 예를 들자면 그 남자는 비 내리는 날이면 차를 몰고 낯선 길을 달리며 다이얼을 93.1에 맞춰 놓고 클래식을 듣지만, 그 여자는 이미자의 노래 듣기를 더 좋아한다. 그 남자는 때로는 분위기 있는 식당에서 '칼질' 하면서 '우아한 식사'를 즐기지만, 그 여자는 조촐한 한식당에서 전통적인 식사하기를 더 좋아한다. 그 남자는 처음 만나는 사람에게는 마음을 잘 열지 못하고 때로는 홀로 있기를 더 원하지만, 그 여자는 낯가림을 덜 하면서 잘 어울리는 편이다. 이런 사소한 일들로 다투고, 비난하고, 갈등하고 체념하면서 여기까지 왔다. 그러면서 취향이 서로 바뀌기도 하고 다름을 인정하기에 이르렀다.

수없는 갈림길을 걸어왔다. 지금은 아무도 걷지 않는, 걸을 수도 없는 후회와 아쉬움이 배어나는 숙명을 걷는다. 걸으면서 젖어오는 고독의 무게를 이기지 못할 때면, 그 남자와 그 여자는 서로에게 벗과 같은 남편과 아내가 되는 법을 배우며 연민의 길을 걷는다.

이렇듯 그 남자와 그 여자는, 후회와 아쉬움은 또 다른 꿈을 만들어냄을 굳게 믿으면서 돌이킬 수 없는 외길을 함께 걷는다. 오늘도.

연꽃 한 송이 피기까지

우리 집에는 돌확이 있다. 그 돌확에 지난봄에 꽃집에서 자그마한 수련 한 뿌리를 사다가 띄워 놓았다. 얼마 지나지 않아 잎이 누렇게 변하면서 심한 몸살을 앓고 있었다. 가끔 물을 주며 떡잎을 뜯어낼 뿐 속수무책으로 바라만 보았다. 그러던 어느 날 새순이 삐죽 돋아났다. 낯선 환경에 적응하면서 스스로 회생하고 있었다.

수련은 7월 하순이면 꽃을 피운다. 하지만 우리 집 돌확에 있는 수련은 7월이 가고 8월이 와도 꽃 피울 생각도 하지 않는다. 꽃집에 들러 물어보았다. 환경이 바뀌고 햇볕을 충분히 쐬지 못해서 그런 것 같으니 내년을 기약해보라는 대답이었다.

추석이 지나고 바람 끝이 차가워진 어느 날이었다. 교보문고에서 최인호 소설 『낯익은 타인들의 도시』와 최승자 시집 『물위에 씌어진 』 책 두 권을 사들고 돌아왔다. 계단에 있는 돌확이 눈에 들어왔다. 돌확 안에 흰 꽃 한 송이가 빼꼼이 고개를 내밀고 있었다. 연꽃이었다.

올봄은 예년보다 많이 서늘했다. 올 여름은 예년보다 비가 많이 쏟아졌다. 때로는 폭우가 되어 물바다를 만들면서 수십일 내리 쏟아졌다. 예년보다 농작물 값이 널뛰기를 하고 장보기가 겁났다. 특히 서민들은 살기가 더 많이 팍팍했다. 수련도 근 반년 동안 아무런 도움도 받지 못하고 저 혼자 새로운 환경에 적응해가면서 뿌리내리고 뜨거운 햇살을 갈급하며 버텼다. 불임이라 불리던 여인이 잉태하여 산고 끝에 아이를 낳듯, 뒤늦게야 벙글은 수련은 절망 속에서 꽃을 피워냈다.

소설가 최인호는 『별들의 고향』 『바보들의 행진』 『고래사냥』 등으로 도시적 감성을 자극하는 작가로 각광을 받으며 문제작을 거듭 발표했다. 얼마 전에 그가 암에 걸려 투병중이라는 신문기사를 읽은 적이 있었다. 오늘 교보문고 서가에서 그의 신작소설을 발견하고 깜짝 놀랐다. 얼른 책을 폈다. 항암치료를 받으면서 두 달 만에 쓴 장편소설이었다. 작가의 말을 읽었다. 아직도 컴퓨터를 사용하지 않고 원고지에 만년필로 글을 쓰는 수작업을 고집하고 있다. 항암치료 후유증으로 손톱이 빠지자 손가락에 골무를 끼워가며 장편소설 『낯익은 타인들의 도시』를 완성했다. 한 권의 책이 태어나기까지는 손톱이 빠지면 골무를 끼고 통증이 시작되면 진통제를 먹으면서, 역시 절망을 딛고 쓰고 또 썼다.

최승자 시인도 예외는 아니다. 시집을 얼른 폈다. 그도 시인의 말에서 이 시집들은 정신과 병동에서 쓰인 것들이라고 밝힌다. 또 하루 낮에도 천국과 지옥을 오락가락하는 게 시인이라고도 말한다. 그는 이처럼 갈피가 잡히지 않는 세계를 넘나든다. 극심한 불면증, 갑작스러운 환청과 환각이 그의 정신을 갉아먹고 있다고도 했다. 그의 시에 나오는 사프란이란 섬은 사실상 생명과 욕망 너머의 땅, 곧 죽음의 땅이다. 우리에게 완전히 돌아오지 않은 최승자는 한 편의 시가 쓰이기까지는 삶과 죽음의 경계를 넘나들어야했다. 『물 위에 씌어진』 시집은 이런 시들이 모여 한 한 권의 책으로 출간되었다.

한 세월이 있었다
한 사막이 있었다
그 사막 가운데서 나 혼자였다
하늘 위로 바람이 불어가고

나는 배고팠고 슬펐다
어디선가 한 강물이 흘러갔고
(그러나 바다는 넘치지 않았고)
어디선 한 하늘이 흘러갔고
(그러나 시간은 멈추지 않았고)
한 세월이 있었다.
한 사막이 있었다 '한 세월이 있었다'

최승자 시인은 80년대에 드물게 대중적 인기를 얻은 시인이다. 박노해, 황지우, 이성복과 함께 80년대가 배출한 스타시인이었다. 시집 『이 시대의 사랑』 등을 펴내며 파격적이고 열정적인 시 세계를 선보이기도 했다. 그러나 1990년부터 정신이 쇄약 해져 정신병원에서 요양하게 되었다. 세상은 그를 잊고 있었다. 그러던 중 지난해에 시집 『쓸쓸해서 머나먼』을 출간하고 이어서 올해 또 책을 펴냈다.

인간은 괴로움과 절망을 통해 비로소 앞으로 나아가는 존재인가. 그럴지도 모른다. 아니, 그렇다. 수련도 그랬고, 최인호 소설가도 그랬고, 최승자 시인도 그랬지 않았는가.

가을여행을 떠날 때는 인간의 운명적인 괴로움과 극복에 대해 생각하게 하는 책 두 권을 가방에 넣으려 한다.

바보 똥개야

우리 집 막내 손자 준석이가 유치원 다닐 때 일이다.

녀석이 친구와 싸우다가 얼굴을 물어뜯는 사건이 발생했다. 사건의 발단은 말싸움하던 중에 녀석에게 "바보 똥개야"라고 말하자마자 달려들어 얼굴을 물어뜯고 말았다. 그 옆에 있던 선생님도 순식간에 일어난 일이라 손을 쓸 수 없었다고 했다. 녀석은 '똥개'라는 말에 왜 그렇게 분노했을까?

똥개는 품종이 섞인 개로 똥을 잘 먹는다는 뜻으로 얕잡아 이르는 말이다. 어린 시절 마당 한편엔 똥개가 있었다. 사람 먹을 것도 모자라던 시절이라 주린 배를 채우기 위해서 어린아이가 마당 한쪽에서 똥을 누면 지켜 섰다가 꼬리를 흔들면서 날름 먹던 개, 낯선 이가 오면 컹컹 짖으며 집을 지키던 개, 친근하고 충직한 식구 같은 개였다. 우리나라에 들어와 살던 개들은 질병에 강하고 생존력이 뛰어난 개만이 살아남을 수 있었다. 이렇게 살아남은 개들은 자연스럽게 품종이 섞인 똥개들이 대부분이었다. 순종이니 잡종이니 따지지 않고 누렁이, 바둑이 등으로 부르면서 차별하지 않았다.

그런데 평등했던 개들은 서양문물이 들어오면서부터 차별화되기 시작했다. 서양에서는 사람들의 취향과 용도에 맞춰 개를 개량하면서부터 다양한 품종의 개, 나름대로의 순종이 태어났다. 순종은 선진 문물의 상징이 되었다. 똥개와 마찬가지로 여러 피가 섞였지만 계획적으로 엄선해 교배되었다는 이유만으로 순종과 똥개의 간극은 하늘과 땅만큼 벌어지게 되었다.

순종의 대부분이 사람들이 바라는 특징 있는 개를 얻기 위해 오랫동안 의도적으로 특정 품종끼리 교배시켜 얻어진 것들이다. 근친교배다. 때문에 순종은 고관절질환, 피부질환 등 유전병을 안고 산다. 아파트의 비율이 늘어나면서부터 순종은 애완견으로 더욱 사랑받기 시작한다. 그러나 계획적으로 육종된, 이른바 잡종인 순종은 약한 운명을 지니고 태어나 아파트에서 호사를 누리고 산다. 하지만, 지병을 앓으면서 동물병원을 드나들어야 하는 병약한 신세다.

그러나 똥개는 튼튼하다. 뉴욕타임스는 똥개를 '최고 품종의 개'로 꼽았다고 한다. 똥개는 수천 년 동안 사람들이 개발한 개의 좋은 점을 두루 갖췄다고 한다. 오랜 세월 동안 자연스럽게 결합된, 적자생존의 다양한 유전자 덕분에 유전적 결함이 거의 없다. 수명 또한 순종보다 더 길다. 어떤 모습으로 자랄지, 어떤 특징을, 개성을 드러낼지를 몰라 기르는 재미도 쏠쏠하다. 재능과 가능성을 숨겨놓은 참으로 괜찮은 똥개가 차별을 받으며 살아가는 모습에서 인간의 모습도 발견하게 된다.

순종도 따지고 보면 여러 피가 섞여 만들어진 잡종이고 똥개다. 오히려 근친교배로 유전적인 결함이 있는 병약한 똥개일 뿐이다. 우리네도 오랜 세월을 거쳐 여러 피가 섞여 만들어진 결과일 뿐이다. 다 같은 잡종일 뿐이다. 그러니 좋은 잡종과 천대받는 잡종, 우월한 인간과 열등한 인간으로 구별해 차별하는 것은 개에게도 인간에게도 부당하고 슬픈 일이다.

사람들은 똥개가 겪는 슬픔과 차별, 불합리함을 똑같이 겪고 살면서도 기르는 개는, 순종을 고집하면서 충무로 애견센터를 기웃거린다.

이제와 생각해보니 준석이 녀석이 '똥개'라는 말에 분노했던 그 마음을 알 듯싶다.

혼자 먹는 밥

저녁밥상을 차린다. 냉장고 문을 열고 반찬그릇을 꺼내서 식탁에 놓는다. 나름대로 상차림을 한다. 아내는 일주일이면 반은 큰아들네에서 손자들을 돌보고 있다. 해서 혼자 밥 먹을 때가 많다. 오늘도 혼자 먹는 밥이지만 격식을 갖춰서 나를 위한 상을 차린다.

아내가 해놓고 간 음식은 냉장고에서 시간이 갈수록 맛이 떨어진다. 외출에서 돌아올 때면 오이나 가지를 사들고 와서 고추장에 찍어먹기도 채를 썰어 오이냉국을 만들기도 가지를 쪄서 나물도 만든다. 손쉬운 음식을 만들 때도 전화로 아내의 지시에 따르지만 맛은 '아니올시다.'이다. 하지만 즉석에서 만든 음식이라서인지 숟가락이 자주 간다. 이런 날엔 배가 불룩하도록 포식을 한다. 지난달 모임에는 연천에 사시는 L선생이 손수 재배한 상추를 가져오셨다. 고마움과 함께 신문지에 싸서 냉장고에 넣었다 펴보니 얼어있었다. 야채칸에 넣어야 하는 것을 몰랐다. 이렇게 시행착오를 거듭하면서 만든 음식으로 내가 나를 위한 밥상을 차린다.

이진영 수필가는 그의 수필 「혼자 먹는 밥」에서 '오늘도 혼자 밥상을 차린다. 유난히 밥맛이 없다.'면서 자신에게 밥투정을 부린다. 가지나물은 너무 푹 삶았어. 갈치조림은 양념이 덜된 것 같다고 혼자 투덜거리면서 반찬을 젓가락으로 휘젓기만 한다. 그도 혼자 먹는 밥이 영 맛이 없는 것 같다. 다발성신경염의 후유증으로 다리를 자유롭게 쓰지 못하는 불편한 몸으로 지내면서도 수필을 쓰고 그림을 그린다. 자신이 쓴 칼럼을 방송국에서 낭송하기도 한다. 그는 늘 혼자 밥을 먹는다.

우리나라 1인가구수는 430여 만이라고 한다. 전체가구 1천 7백여 만에 대비하면 네 집 가운데 한 집은 혼자 산다. 게다가 탄탄한 경제력과 디지털 활용 능력을 갖추고 자신들만의 독신문화를 만끽하는 세대인 '네오 싱글 족'까지 합하면 더 늘어난다. 적어도 한 끼에 4백만 명이 혼자 밥 먹는 셈이다. 혼자 사는 것은 자유로운 삶이기도 하지만 홀로 벽을 바라보며 밥을 먹을 때엔 때로는 쓸쓸함을, 그리움을, 외로움을 느끼면서 밥상을 차리고 치우고 있을 것만 같다.

혼자 식당에 갈 때면 손님이 붐비는 시간을 피한다. 혼자서 네 사람이 이용할 수 있는 식탁을 독점하는 것도, 두 사람 이상이 먹도록 담겨진 반찬을 혼자 먹는 것도 미안하고 눈치 보이는 일이다. 주인 입장에서 보면 이익이 줄 것이고 음식물이 낭비되니 또한 미안하다. 1, 2인용 자리를 만들거나 일식집처럼 주방 앞에 긴 식탁을 만들어놓으면 좋으련만. 한 끼에 혼자 밥 먹는 사람이 4백만이 넘는 세상에 소수에 대한 배려가 미약한 현실이다. 식당에서 혼자 먹는 밥은 이래저래 눈칫밥이다.

이진영 수필가는 '어려서 형제들과 몸 부딪히고 와글거리면서 살아갈 때는 늘 과일이며 맛난 음식이 욕심을 채워주지 못했다. 오징어 다리 하나 더 먹겠다고 싸웠고, 포도 한 알이라도 더 먹겠다고 떼썼다. 눌은밥 한 숟가락 더 먹겠다고 오빠와 다툴 때도, 언니가 없다면, 오빠가 하나만 되었더라면 그 분량만큼 내가 더 먹을 수 있을 텐데, 하는 못된 상상도 했다.'라고 어려웠던 시절을 되새긴다. 되새김은 그 시절을 받아들임이다.

4, 50년 전만해도 이 땅에는 보릿고개가 있었다. 햇보리가 나

올 때까지 넘기기 힘든 고개, 남은 곡식 다 떨어지고 보리는 미처 여물지 않은 음력 3, 4월을 넘는 고개다. 그때는 조반석죽(朝飯夕粥)도 어려웠다. 그런 어느 날 보리죽마저 거르고 잠자리에 들었다. 밤이 깊어지자 어머니는 잠든 아들을 흔들어 깨웠다. 그리고 삶은 고구마를 쥐어주면서 이불을 씌웠다. 윗목에서 잠든 딸들이 깰세라 조심 또 조심하면서. 잠결에 이불을 뒤집어쓰고 팍팍한 고구마를 먹었다. 목이 메었다. 물이 먹고 싶어도 누나들이 깰세라 침을 모아서 목마름을 견뎠던 밤이었다.

이진영 수필가는 혼자 밥 먹으면서 이제는 '서서히 혼자 차리는 밥상에 익숙해졌고 혼자 먹는 음식과 친해져갔다. 이제 난 혼자서도 밥을 잘 먹는다. 그러나 가끔은 맞은편을 건너다본다. 어머니에게 음식투정도 해보고, 기억 속의 둥근 밥상을 펼쳐놓고 오빠 언니들을 불러 모아 보기도 한다.'고 끝을 맺는다. 이 수필을 읽으면 혼자이면서도 혼자가 아닌 밥상에 앉은 그를, 마음의 빗장을 열고 세상과 불화하지 않고 더불어 살아가는 그를 만나기도 한다.

저녁밥상을 차린다. 생일상 같은, 아니 세상에서 아주 귀한 사람을 위한 상을 차리듯 상차림에 격식을 갖춘다. 내가 나를 위해 차린 상이다. 만찬이다. 잔을 높이 들어 나와 내가 불화하지 않고 살아가기 위해 건배를 제의한다. 건배! 잔을 든 손 그림자가 흔들린다.

걸고 싶어도 못 거는 수가…

전화벨이 울린다. 수화기를 들자 걸걸한 목소리가 "여보시오" 한다. 고등학교 동창 K의 목소리다. 그는 잊어버릴 만하면 시도 때도 없이 불쑥 나타난다. 딱히 할 말이 있는 것도 아니다. 이런저런 이야기를 십여 분하다가 끊는 흉허물 없는 사이다. 그가 "전화 걸 수 있을 때 걸어. 걸고 싶어도 못 거는 수가 있어"라며 전화를 끊는다.

수첩에는 가깝게 지내던 이들의 전화번호가 적혀있다. 어쩌다가 생각이 나서 전화를 걸면 그런 사람 없다고 한다. 이사를 했거나 전화번호를 바꾼 것 같다. 자식들이 받으며 아버지가 입원하셨다고 한다. 또는 돌아가셨다고도 한다. 그럴 때면 그 번호를 볼펜으로 죽 긋는다. 결번이 된다. 이런저런 사정으로 수첩에 적혀있는 전화번호가 지워져있는 것이 더 많다. 갈수록 걸려오는 전화도 걸 전화도 줄어든다. 고마움이, 궁금함이, 그리움이 배어있는 번호가 하나 둘 지워진다. 걸 수 없는 전화가 늘어만 간다.

손전화의 전화번호 검색창에는 가족이나 친지 그리고 살아가는데 필요한 번호가 입력되어 있다. 가족을 빼고는 거의가 사무적인 일로 걸고 받는 전화번호다. 십여 분씩이나 수다를 떠는 전화번호도 아니고 자정이 다되어서 쓸데없는 말을 늘어놓는 전화번호는 더더구나 아니다. 아무 때나 걸 수 있는 전화가 아니다.

손자녀석 목소리가 듣고 싶으면 손전화를 한다. 목소리만 들어도 녀석의 마음을 알 수 있다. 기분이 좋은지 어미한테 야단맞고 침울한지도 짐작할 수 있다. 그런데 열세 살 때 돌아가신 아버지 목소리는 기억해낼 수가 없다. 아버지 목소리를 잃어버리고 말았다. 만약에 저세상에서 전화를 걸으셔도 "누구시지요?" 라고 되물어야할 처지가 되었다. 막막하다. 이럴 때면 손자녀석 전화번호를 누른다. 녀석들하고 전화할 때는 되도록 주말은 피하고 또 집 전화도 사용하지 않는다. 요즘은 문자로 주고받으며 전화걸기도 조심하고 있다.

C선생과 남도를 여행할 때였다. 기차가 광주역에 정차했다. 열차 안은 내리고 타는 사람들로 분주했다. 기차는 역사를 벗어나 평야를 달렸다. 그때 C선생은 창밖을 내다보며 "여기를 지날 때면 생각나는 사람이 있다"면서 회상에 잠겼다. 아직도 가슴에 저장된 얼굴을 지우지 못하고 있는 것 같았다. 그뿐인가. 수첩에도 적을 수 없는 전화번호를 가슴에 적어놓고 사는 사람도 있다. 걸 수도 받을 수도 없는 전화를 가슴으로 걸고 마음으로 받다.

우리 집 전화번호는 40여 년 가까이 그대로 쓰고 있다. 손전화번호도 10여 년 만에 바꾸면서 구 번호를 안내해주는 서비스를 신청해 놓았다. 누구나 마음만 먹으면 언제든지 전화를 할 수 있도록 해 놓았다. 이렇게 만반의 준비를 해놓고 전화를 기다리며 지낸다. 그리움을 기다린다.

전화벨이 울린다. 얼른 받는다. "목 좋은 땅이 있으니 사지 않겠느냐"는 전화다. 기다리는 전화도 목소리도 아니다. 아버지 목소리를 잃어버린 것처럼, 그네의 목소리도 잃어버렸는지도 모른다. 아니면 그가 내 목소리를 잃어버렸을지도 모른다. 고등학교 동창 K의 말처럼 그도 나도 걸고 싶어도 못 거는지도 모른다. 수첩을 펴본다. 살아있는 번호보다 역시 지워져 있는 것이 더 많다. 살아있는 번호를 보고 또 본다. 가슴에 적혀있는 번호를 기억해 내면서.

예외 없이 오늘도 기다린다. 집에서는 집 전화를, 외출할 때에는 손전화를 들고 지내면서.

그대는 어디 있는가

해마다 4월이 오면 용미리 시립묘지를 찾는다. 그 묘지에는 25년 전에 세상을 떠난 친구가 묻혀있다. 그는 고등학교 때부터 세상을 떠나던 그날까지 변함없는 친구였다. 문학을 공부하며 '순수와 통속'을 논하고 자기 일처럼 세상을 걱정하면서 여러 날 밤을 보냈던 좋은 말벗이었고, 글을 써서 합평할 때면 의견 차이로 충돌하면서도 또 만나고 편지를 주고받던 진실한 글벗이었고, 서로 다른 길을 걸으면서도 진심으로 걱정하고 안타까워하면서 인생길을 걸어갔던 길벗이었다.

졸작 「개똥밭에 굴러도 이승이…」는 그가 49살의 젊은 나이에 이 세상을 떠난 뒤 벗을 추모하면서 쓴 작품이다.

진심을 주고받을 수 있는 벗이 없다는 말을 자주 듣는다. 아는 사람은 많은데 진정한 벗이 없다는 말일 것이다. 왜 그럴까?

요즘은 벗을 사귈 때 사람보다 조건을 보고 교제하는 경우가 더 많은 것 같다. 같은 학교 출신끼리, 고향사람끼리, 같은 직장끼리, 잘나가는 사람끼리, 경제적으로 여유 있는 사람끼리 만난다. 이렇게 끼리끼리 만나다보니 진심을 열어놓고 인생을 논할 자리는 없어지고 주식, 영화, 패션, 자가용, 아파트, 배경 같은 것들에 마음을 빼앗길 뿐이다. 조건 따라 만나고 조건이 달라지면 쉽게 헤어지는 만남이다. 배우고 익히며, 먼 데서 친구가 찾아와 속마음을 열어놓고 진정한 대화를 나눌 수 있다면, 남들이 알아주지 않아도 성내지 않고, 군자답게 살 수 있다고 말한 공자의 가르침이 무색해지는 세상이 되었다.

옛날에는 진정한 벗의 조건은 사람됨에 있었던 것 같다. 교제하고 싶은 사람을 만나면 진실과 진심으로 대하면서 나이도 고향도 잘살고 못사는 것도 따지지 않고 사귀었던 것 같다. 58세의 퇴계 이황이 32세의 고봉 기대승을 만나 한양에서 전라도 광주를 사이에 두고 편지로 안부를 나누고 학문적 논쟁을 했다. 지인이나 종들을 통해 편지로 나눈 학문적 교류는 사단칠정(四端七情) 논쟁을 일으켜 성리학의 수준을 절정으로 이끌어 올렸다.

또 있다. 다산 정약용과 다성 초의선사는 십여 년의 나이 차이를 뛰어넘어 학문을 나누고 차를 통하여 친분을 두텁게 한 일화를 남겼다. 뿐만 아니라 다성 초의선사는 추사 김정희를 통해 당시 청나라의 문물을 알게 되고 신학문에 눈을 뜨는 등 오랜 교우관계를 맺었다. 그들이 나눈 숱한 덕담이 전해오고 있다. 이들은 사람을 보고 교제했었던 같다.

세상을 넉넉하게 살아가려면 좋은 말벗과 글벗과 길벗을 만나야 한다. 벗을 사귀는 진정한 기준이 되는 것은 조건이 아니라 진실과 진심을 나눌 수 있는 성품이다. 재산을 따지고, 지위를 따지고, 직책을 따지고, 어느 동네 몇 평 아파트에 사는가를 따지고, 진보인가 보수인가를 따지기 보다는 진실과 진심을 나눌 성품을 따져야할 것 같다.

퇴계 이황의 「자성록」에는 '선배면 어떠하고 후배면 어떠하며, 스승이면 어떠하고 제자면 어떠하며, 저것이면 어떠하고 이것이면 어떠하며, 취하면 어떠하며 버리면 어떠하겠습니까? 한결같이 도리에 합당하여 바꿀 수 없는 것을 취하면 되지 않겠습니까?'라고 썼다. 마음에 깊이 새기고 싶은 글귀다.

벗의 묘지 앞이다. 용미리 시립묘지 앞에서 '한결같고 도리에 합당하고 바꿀 수 없는 '진정한 벗을 생각해 본다. 누가 나에게 진정한 벗인가. 나는 누구에게 진정한 벗인가를.

벗을 불러본다. 벗이여, 그대는 어디 있는가.

바다에서 만난 그때 그 사람

영하의 날씨가 한 달이 넘게 계속되고 있다. 전력사용량이 여름을 추월했다고 한다. 혹독한 추위다. 서민들은 유가(油價)가 치솟는 바람에 찬바람이 창문을 흔들어대는 겨울밤을 손바닥만한 전기담요로 한기를 녹인다. 창문을 흔드는 밤 바람소리가 겨울바다를 꿈꾸게 한다. 세상이 얼어붙었는데도 본래의 모습 그대로인 푸른 바다를 만나러 집을 나선다.

겨울을 달린다. 인천공항 못미처 '을왕리' 이정표 따라 우회전 그리고 직진해서 10여 분을 달린다. 선착장이다. 차도 사람도 배를 타고 10분도 채 못가서 무의도에 닿는다. 집을 나선 지 1시간 만이다. 인천공항이 생기기 전까지만 해도 전철이나 버스를 타고 인천부두까지 가서 무의도가는 배를 타야 했다. 한나절이 넘는 거리였다. 세월은 한나절이 넘는 거리를 차 한 잔 마시며 담소하는 시간으로 좁혀 놓았다. 굽은 길을 펴고 바다를 메워 쭉 뻗은 고속도로를 만들어 놓았다. 이를 개발이라 했다. 현대화라 했다. 바다도 본래는 땅이었으니 근본을 되찾아준 셈이라고 했다.

소무의도가 지척인 샘꾸미항 선착장도 얼어붙었다. 횟집도 민박집도 구멍가게도 얼었다. 출입문은 자물쇠가 채워지고 횟집 앞 좌판도 구석에 치워져있다. 어선도 쇠말뚝에 매여 있다. 노을에 젖은 만선의 깃발, 쇠말뚝에 마음을 묶고 살던 사람들은 어디로 갔는가.

바닷물이 빠지기 시작했다. 갯벌이 드러나고 무의도와 실미도가 맞닿는 길이 열렸다. 서서히 본래의 모습을 드러내는 겨울바다, 그 바다를 걸어서 실미도로 건너갔다. 그 섬은 평온했다. 20여 년 전에 무슨 일이 일어났을까.

'실미도에서 특수훈련을 받던 북파 공작원들이 자신을 제거하라는 명령을 받은 기간병들을 살해하고 섬을 탈출했다. 버스를 탈취하여 청와대로 향하던 중 수류탄을 터트려 자폭한 사건'이라고 백성들은 알고 지냈다. 이른바 실미도 사건이다.

그 후 소설가 백동호가 실상을 파헤친 소설 『실미도』(1999)를 출간하여 세상에 알리고 이 소설을 바탕으로 강우석 감독의 동명영화(2000. 12)를 통해 사건의 진상이 드러났다. 궁금했던 마음들이 영화를 만들었다. 궁금증을 어느 정도 풀어주었는가. 영화는 대박이었다. 30년이 지나서야 진실을 어느 정도 알게 되었다. 예술의 힘이었다.

그 후 해마다 8월이 오면 실미도에서는 시를 읽고 노래를 부르고 춤을 추는 발길이 이어지고 있다. 노시인도 북파공작원들이 훈련받던 바위에 막걸리 따라 놓고 시를 읽으며 넋을 기린다. 훈련병의 공격을 피해 유일하게 살아남은 기간병이었던 한 하사도 찾아와 멍하니 앉아 있다가 돌아간다. 넋을 기리는 몸짓이다.

북파 공작원들의 막사와 훈련장이었던 터에는 풀이 무성했다. 마른 풀 속에 아주까리가 몇 그루가 보였다. 열두 갈래로 갈라진 아름다운 잎, 7, 8월이면 붉은 색깔의 꽃을 피워 더 아름다운 아주까리. 아주까리씨로 짠 기름으로 등을 밝히고 여인들의 머리단장으로 유용하게 쓰였던 그 아주까리가 바람이 흔들리고 있었다. 당초에는 아프리카에서 선교사들이 이 땅에 들여왔다지만 북파 공작원이 살던 섬에는 누가 들여왔을까? 어느 북파 공작원이 아주까리기름으로 등을 밝히고 머리단장 하던 엄마가 그리워 심은 것인가. 지금은 주인마저 없는 빈터에서 홀로 피고 지는 아주까리는 20여 년 전 그때 몸짓으로 바람에 흔들리고 있다. 아주까리 한 송이를 꺾어들고 섬을 나왔다.

오후 2시가 넘었다. 청송식당에 들러 굴밥을 시켰다. 주인 할머니는 첫손님이라고 반색한다. 손수 실미해변에서 캔 굴로 밥을 짓고 노릇하게 구운 숭어는 서비스라면서 환하게 웃는다. 실미해변에서 30여 년 식당을 하고 있는 할머니는 밥상머리에 앉아 이런 저런 이야기를 풀어 놓는다.

실미도 사건을 목격 했던 일. 영화 '실미도'를 찍을 때 호황을 누렸던 일. 8월이 오면 사람들이 찾아와 노래 부르고 춤추고 시를 낭송하며 원혼을 달래는가 하면 유일한 생존자인 한 하사도 찾아오는 일. 가수 심수봉이 중학생 때 2년 가까이 머물면서 신병치료 했던 일들을 늘어놓는다.

할머니가 라디오에 테이프를 넣는다. 심수봉의 노래 「그때 그 사람」이 흐른다. 비음, 처연한 곡조, 절묘한 가사, 심수봉의 자작곡으로 1978년 MBC대학 가요제에서 입선한 노래다. 할머니는 '비가 오면 생각나는 그 사람/ 언제나 말이 없던 그 사람/ 지금도 보고 싶은 그때 그 사람'을 따라 부른다. 나도 따라 부른다.

할머니 마음 안에는 실미도 사건도, 한 하사도, 해마다 8월이 오면 찾아오는 사람들도, 심수봉도, 아주까리를 심었을 그 사람도 '그때 그 사람'으로 남아있는 것 같다. 사람들 마음 안에는 '그때 그 사람' 한 사람쯤 살고 있을 것 같다.

아주까리 한 송이를 배낭에 넣고 나는 선착장을 향하여 걷는다.

부침(浮沈), 그것이 인생이다

나는 2012년 8월 5일 새벽 3시에 잠을 자고 있었다. 런던 올림픽 축구 8강전이 시작되는 시간이었다. 운동경기 중 축구는 빼놓지 않고 보지만 이번 영국전에 별 기대를 걸지 않았다. 멕시코, 가봉전에서 우리 선수들의 소극적인 플레이에 실망한 나는 슬며시 부아가 나서 그냥 자기로 했다.

아침에 눈을 뜨자마자 TV를 켰다. 축구경기를 중계하고 있다. 지루하게 공을 주고받는 영국에 비해 한국 선수들은 중원에서부터 공을 장악했다. 패스, 또 패스. 공점유율도 높았다. 수비도 돋보였다. 도대체 이 선수들이 어디 숨어 있다가 지금 나타난 걸까. '정말 한국선수 맞아?' 촘촘한 조직력으로 영국을 쉴 사이

없이 압박했다.

지동원 선수는 전반 29분 페널티 지역 왼쪽 모서리에서 벼락 같은 왼발 슛으로 골망을 흔들었다. 지동원, 이 선수가 누구지? 잉글랜드 프리미어리그에서 선수생활을 하고 있다. 그는 이번 올림픽 조별리그를 치르는 동안 마음이 편치 않았다. 같은 유럽 무대에서 뛰는 박주영, 기성용, 구자철은 풀타임을 뛰는 동안 그는 한 번도 선발로 나서지 못했다. 그런데 영국전에서 홍명보 감독이 선발로 등용, 죽기로 뛰다가 한 방 찬 것이 골망을 흔들고 말았다. 후보 선수로 벤치를 지키고 있다가 한방 지른 것이 결정적인 부상(浮上)이다.

그런가 하면 후반 17분에 부상당한 주전 골키퍼 정성룡 선수와 교체 투입된 이범영 선수도 마찬가지다. 정성룡 선수에 밀려 후보 선수로 벤치를 지키다가 1 : 1 상황에서 투입되어 실점 없이 후반을 마쳤다. 연장 30분도 골문을 잘 지켜냈다. 남은 건 승부차기다. 영국의 다섯 번째 키커 대니얼 스터리지의 슛을 막아냈다. 해서, 승부차기 5 : 4의 승리. 후보 선수로 벤치를 지키던 그가 일등공신이 되었다. 이 또한 절호의 부상이다.

축구뿐만 아니라 사격, 양궁, 펜싱, 유도, 레슬링 등에서도 금메달을 땄고 앞으로도 여러 종목에서 딸 것으로 예상되고 있다.

장하고 장한 일이다. 그중에서도 양궁의 기보배 선수는 단체전에 이어 개인전에서도 금메달을 땄다. 개인전 결승에서 멕시코의 로만 선수와 접전 끝에 5 : 5 동점. 화살 한 발로 승부를 가르게 되었다. 기보배가 먼저 쐈다. 8점에 꽂혔다. 패색이 짙었다. 이어 로만 선수가 쐈다. 그도 8점에 꽂혔다. 그러나 로만선수가 쏜 화살이 과녁 중심에서 기보배보다 더 먼 거리에 꽂히면서 피 말리는 승부는 기보배의 승리로 판가름 났다. 절묘한 부상이다.

그런가 하면 역도 여자 75kg 이상 급 경기 장미란은 올림픽 챔피언의 부담감을 안고 바벨 앞에 섰다. 인상과 용상을 합해서 289kg을 들었다. 4등이었다. 세계신기록으로 금메달을 땄던 베이징 올림픽(326kg) 때보다 턱없이 낮은 무게였다. 각종 부상에 시달리던 그에게는 어느덧 버거운 무게가 되어 있었다. 3차시기에 실패한 뒤 고개를 숙이고 바벨을 향해 손키스를 했다. 그리고 두 손을 모으고 무릎 꿇은 뒤 기도를 올리고 경기장을 빠져나오면서 흐르는 눈물을 닦았다. 아쉬움과 감사, 그리고 회한의 눈물을. 언론에서는 아름다운 퇴장이라며 그를 격려했다. 이번엔 떠오름이 아니라 아쉬운 가라앉음이다.

런던에서 젊은 선수들의 최선을 다하는 모습을 본다. 0.001초 또는 1kg 차이로 운명이 뒤바뀌는, 그들의 부침이 떨림으로 다가온다. 세상에는 영원한 승자도 없고 영원한 패자도 없다. 때로는 질 줄도 알아야 하고 이길 줄도 알아야 한다. 뭔가를 잃어버릴까 전전긍긍해하면서 불안해하는 인생은 최고의 순간에도 최고가 아니다. 전부를 잃어버려도 그것을 인생의 수업료라 여기는 삶 속엔 그 무엇으로도 바꿀 수 없는 존엄성이 있다. 나는 비난에도 분노하지 않고 위로에도 의연한 인생을 사랑한다. 최저의 순간을 아는 최고의 순간을 사랑한다. 그 최고의 순간까지 툭툭 털어낼 줄 아는 인생을 사랑한다. 부침, 그것이 인생이다.

동유럽 5국, 한눈에 둘러보기

자작나무 길을 달린다. 폴란드를 떠나 슬로바키아, 헝가리, 오스트리아, 체코를 지나는 길은 자작나무길이다. 흡사 러시아에 와있다는 착각이 들 정도다. 차장너머로 희끗희끗 스치는 자작나무는 백석의 「나와 나타샤와 흰 당나귀」를, 이용악의 「북쪽」을, 춘원의 『유정』을 떠오르게 한다.

이번 여행은 2년을 별러서 이루어졌다. 작년엔 여러 사정으로 연기되었고 올해는 내가 부상으로 또 연기될 뻔했다. 의사의 특별(?)한 처방전을 들고 길을 나섰다. 여행사 깃발 좇아 '동유럽 5국, 한눈에 둘러보기' 여정에는 이런 곡절도 있었다.

초상화

프라하 바츠라프 광장은 관광객들로 초만원이다. 몸을 마음대로 움직일 수도 없을 듯하다. 이 광장은 체코의 성지다. '프라하의 봄' 무대요, 촛불광장으로 모르는 이가 없을 정도다. 1969년 소련군 탱크가 체코를 깔아뭉개고 한 나라의 수상을 연금하는 만행에 젊은이들은 저항했다. 그중에서도 안팔라치 청년은 목숨을 바쳐 나라의 독립을 외쳤다. 이 사건이 단초가 되어 프라하에 봄이 오고야 말았다. 그 자리에는 작은 추모비가 세워지고 꺼지지 않는 불이 타오르고 있다. 오늘은 그 자리에서 월급인상을 요구하는 대규모 집회가 열리고 있다.

그곳을 지날 때, 노인이 '남달라'라는 요술장난감(?)을 가지고 발길을 붙든다. 만졌다 놓으면 모양이 바뀌는 장난감을 손수 만들어가지고 보스니아에서 왔다고 한다. 옷매무새는 허름하지만 주름이 가득한 얼굴에 웃음도 가득하다. 쑥 들어간 눈, 눈이 깊어 더 날카로워 보이는 콧등에 안경이 걸려있다. 발걸음을 멈춘 우리를 보고 신이 나서 여러 모양을 만들어댄다. 하나에 단 1유로, 우리 돈으로 천오백 원이다. 1유로를 내밀었다. 물건을 건네며 손을 꼭 쥔다. 진심이 묻어난다. 옆에서 또 1유로를 내민다. 또 1유로를… 잡은 손을 놓지 못한다. 돈을 받고 물건을 건네는 시간이 늦어만 간다. 활짝 웃는 얼굴에 주름이 깊게 인다. 주름 때문인가, 웃음인지 울음인지 분간할 수가 없다. 그는 이 시대를 살아가는 삶의 모습이다.

사람을 만나면 제일 큰 관심사는 얼굴이다. 느낌이나 감정이 얼굴을 통해서 표현되기 때문이다. 옛 화가들은 이런 얼굴을 그려왔다. 초상화다. 전통 초상화에서는 왜 젊은 시절의 꽃다운 모습을 그리지 않았을까? 왜 골 깊은 주름살의 노인만을 그렸을까?

젊은 청년들은 학문도 수양도 경륜도 아직 이루는 과정에 있다고 보았기 때문이다. 학문의 경지, 수양의 정도, 인생의 경륜을 보여주려고 초상화를 그렸던 것이다. 예쁘고 잘생긴 외모를 그리는 것이 아니라 참된 모습, 외면이 아니라 정신을 그리려고 했던 것이다. 해서 초상은 인물의 정신을 담아내는 허상이면서 인생의 이상적인 모습인 것 같다.

프라하 바츠라프 광장에서 만난 노인, 작은 돈에 감사할 줄 알고 고마움을 진정으로 표현해내는 그는 이 시대의 초상이었다.

길을 잃다

나는 길을 잃었다. 이 골목 저 골목을 다녀보아도 일행은 보이지 않았다. 두려움이 밀려왔다. 오스트리아 짤쯔브르크 케트라

이데(구시가지) 모차르트 생가. 노란색 아파트 문 옆에 세 가닥의 전선에 매달린 나무 손잡이가 보인다. 이 손잡이를 당기면 종이 울리고 안에서는 문을 열어주었으리라. 초인종이다. 모차르트가 태어난 3층집 초인종 손잡이를 만지작거리다가, 고풍스런 골목을 기웃거리다가 그만 일행의 행방을 놓치고 말았다. 일행에서 낙오자가 되고 말았다.

1280년경에 만들어진 거리. 길이래야 마차 한 대가 간신히 지나갈 수 있는 좁은 골목이다. 길 양편으로 보석가게, 꽃집, 옷가게, 레스토랑, 찻집 등의 간판이 눈길을 끈다. 간판이 그림으로 표시된 가게들. 멀리서 말발굽소리가 들리고 긴 드레스를 끌면서 보석가게로 들어가는 귀부인의 뒤태가 고혹적으로 느껴지는 거리다.

하늘을 찌를 듯 높이 솟은 성당이 보이는 유럽이라면 골목길은 보이지 않는 내면의 유럽이지 싶다. 유럽의 내면을 만나러 케트라이데 골목을 기웃거린다. 8백 여 년의 때가 묻어있는 역사의 거리를 둘러본다.

모두가 작다. 길도 조붓하다. 그런 길에 맞게 자동차도 작다. 식당도 작고 의자도 작다. 덩치가 큰 어른이 의자에 앉아 식사하는 모습이 초등학생이 걸상에 앉은 형국이다. 방도 작고 목욕

탕도 작다. 호텔방 라디에이터가 벽에 붙어있다. 공간 활용이다. 공간 활용이 아니라 설치할 공간이 모자라기 때문이다. 그래도 건물을 부수고 크게 짓는 사람도 정부에 대고 못 살겠다 갈아보자는 사람도 없다. 고쳐 쓰고 맞춰 산다. 새로 집을 지어도 옛 모습 그대로 짓는다. 어찌 보면 멍청한(?) 사람들이다. 구 소련 치하에 건축된 시멘트 건축물이 군데군데 끼어있어 도시 경관을 해치지만 그대로 두고 있다. 영광도 치욕도 보존되는 도시다. 주어진 현실, 그 현실을 재인식함으로써 다시는 불행을 되풀이 하지 않겠다는 강한 역사의식이었다.

여기저기서 스치는 사람들의 순한 인상과 빙긋 웃으며 지나는 부드러움과 지킴의 간절함이 배어있는 골목으로 빨려들었다. 한참을 걷다가 다리가 아플 때 둘러보면 빈 의자가 있는 도시에, 건물 벽에 설치된 가로등이 좁은 골목을 밝히는 도시에, 그림간판에 마음을 빼앗기며 8백 여 년 세월을 넘나들다가 '거리의 악사'도 만났다.

여행이란 실종자가 되어도 아깝지 않은 곳을 찾아내는 일이다. 그리고 언젠가 꼭 한 번만이라도 다시 밟고 싶다는 기대를 키우는 일이다. 만에 하나 다시 이곳에 못 온다하더라도 그때 그 기억만으로 눈이 매워지는 일이다.

편지지

내가 묵은 호텔들, 침대 옆 탁자에는 스탠드가 놓여있고 호텔 이용안내 책자도 있다. 그리고 그 옆에는 메모지와 편지지 그리고 봉투와 필기구가 있다. 이런 문방구 생김새들이 호텔마다 다 달랐다. 호텔을 상징하는 그림이 그려져 있는가 하면 봉투는 손수 만든 것처럼 엉성해 보이기도 했다. 필기구는 거의가 볼펜이었으나 연필도 있다. 인터넷이 있던 자리를 스마트폰이 차지한 IT세상에 아날로그적인 문방구가 자리하고 있는 것이다.

제일 기억에 남는 것은 슬로바키아 타트라 국립공원 기슭에 있는 후베트 호텔방에 있던 몽당연필이다. 아끼면 아낄수록 더 아끼고 싶은 마음이 묻어나는 몽당연필. 그래서인지 경관도 수려하다. 창문을 열면 아득한 지평선이 펼쳐지는 끝없는 초원이다. 밀밭이 거대한 푸른 지평선을 이루고 있다. 아주 독특한 맛을 내는 맥주와 빵을 만들고 문화를 만들었다. 이 맛이 여행객의 발을 붙잡으며 언젠가는 다시 밟고 싶은 기대를 키운다. 술을 즐기지 않는 나도 식사 때마다 맥주의 향을 즐겼다.

국토가 거의 산악이다. 박토를 일궈 곡식을 심고 대대로 전통가옥에 살면서 나무와 조개탄으로 겨울을 살고 있다. 자기 것을 알고 지킬 줄 아는 사람들이었다. 부끄러움이 무엇인지를 알면서 전통을 지키는 사람들이었다. 그들의 삶은 자존심이었다. 몽당연필은 근검절약하며 고요히 사는 사람들의 심성이었다.

호텔 테라스에 앉아 메모한 수첩을 뒤적이다가 그동안 묵었던 호텔방에서 가지고 온 편지지를 펴보았다. 편지지에는 그 도시의 풍광과 분위기가 묻어있다. 수수하며 개성 있는 편지지와 연필은 끌림으로 다가온다. 편지지는 그리움이다. 일정을 마치고 돌아오는 길에 문득 되돌아가고 싶다. 언젠가는 또 다시 찾으리라는 결심을 하게 한다. 이 도시들의 만족도는 100점 만점, 아니 그 이상이다.

가속페달을 밟다가 빨간 신호등을 발견하고 질주를 멈추는 순간, 신호등 앞에서 본래의 나를 발견한 그런 기분이 들었다. 안내자의 깃발을 좇아 동유럽 다섯 나라를 9일 만에 둘러보는 행군 같은 여행 중에 슬로바키아 산기슭에 있는 호텔은 질주를 멈추게 하는 빨간 신호등이었다.

그 신호등 불빛 아래서 몽당연필을 꺼내들고 연필심에 침을 바른다. 침을 발라 그동안의 여정을, 몽당연필처럼 오래 오래 아끼고 싶은 감동을 꾹꾹 눌러 메모를 한다.

책 끝에

'나를 벗어나야 만날 수 있는 나를 찾아 오늘도 집을 나선다.'

일죽(一竹) 오기환 선생이 2010년에 펴낸 『셋이서 두 그릇』을 읽다가 만난 글이다. 그와 나는 집을 나서는 버릇이 있다. 인사동에서 만나면 곧잘 서점으로 발을 옮긴다. 종각 근처 반디앤루니스나 영풍문고나 광화문에 있는 교보문고 그곳에서 책을 고르며 책 이야기를 나눈다. 그러다가 불쑥 섬으로 가자고 한다. 다음날 배낭을 메고 섬으로 나선다. 그렇게 찾아다닌 섬이 안면도, 거제도, 지심도, 무의도, 실미도, 우이도, 제주도. 섬에서 만나면 책 읽고 읽은 책과 또 읽을 책을 이야기한다. 그러다가 또 집(숙소)을 나선다. 집을 나서며 걷는다. 그렇게 사귄 친구의 책 『겨울나무, 그 뿌리처럼』을 맞게 되니 반갑다.

'나이테는 그 나무가 자라온 역사다. 나무의 삶이나 우리네 삶이나 즐겁고 편안한 시간들과 어둡고 힘든 시간이 쌓여서 연륜이 이루어지는 것…' 나는 이 원고를 읽고는 즉석에서 또 섬에 가자고 제안했다. 태안 근흥에 있는 신진도나 가의도. 그의 새 책을 들고 조용한 바닷가를 거닐며 책을 느끼고 싶다. 그는 내가 느끼고 싶은 것을 글로 잘 쓰기 때문이다. 남의 글에서 나를 느끼는 일은 남의 꽃 같은 보석을 나의 연륜에 박는 일이다.

이생진 (시인)